新　視　野
中華經典文庫

新視野
中華經典文庫

鬼谷子

名譽主編 饒宗頤

導讀及譯注 曾財安

中華書局

新視野中華經典文庫

鬼谷子

□
導讀及譯注
曾財安

□
出版
中華書局（香港）有限公司
香港北角英皇道 499 號北角工業大廈一樓 B
電話：(852) 2137 2338　傳真：(852) 2713 8202
電子郵件：info@chunghwabook.com.hk
網址：http：//www.chunghwabook.com.hk

□
發行
香港聯合書刊物流有限公司
香港新界大埔汀麗路 36 號
中華商務印刷大廈 3 字樓
電話：(852) 2150 2100　傳真：(852) 2407 3062
電子郵件：info@suplogistics.com.hk

□
印刷
深圳中華商務安全印務股份有限公司
深圳市龍崗區平湖鎮萬福工業區

□
版次
2013 年 11 月初版
2020年 6 月第 4 次印刷

□
規格
大 32 開（205 mm × 143 mm）

□
ISBN：978-988-8263-70-7

出版說明

為甚麼要閱讀經典？道理其實很簡單——經典正正是人類智慧的源泉、心靈的故鄉。也正是因此，在社會快速發展、急劇轉型，因而也容易令人躁動不安的年代，人們也就更需要接近經典、閱讀經典、品味經典。

邁入二十一世紀，隨着中國在世界上的地位不斷提高，影響不斷擴大，國際社會也越來越關注中國，並希望更多地了解中國、了解中國文化。另外，受全球化浪潮的衝擊，各國、各地區、各民族之間文化的交流、碰撞、融和，也都會空前地引人注目，這其中，中國文化無疑扮演着十分重要的角色。相應地，對於中國經典的閱讀自然也就有不斷擴大的潛在市場，值得重視及開發。

於是也就有了這套立足港臺、面向海外的「新視野中華經典文庫」的編寫與出版。希望通過本文庫的出版，繼續搭建古代經典與現代生活的橋樑，引領讀者摩挲經典，感受經典的魅力，進而提升自身品位，塑造美好人生。

本文庫收錄中國歷代經典名著近六十種，涵蓋哲學、文學、歷史、醫學、宗教等各個領域。編寫原則大致如下：

（一）精選原則。所選著作一定是相關領域最有影響、最具代表性、最值得閱讀的經典作品，包括中國第一部哲學元典、被尊為「群經之首」的《周易》，儒家代表作《論語》、《孟子》，道家代表作《老子》、《莊子》，最早、最有代表性的兵書《孫子兵法》，最早、最系統完整的醫學典籍《黃帝內經》，大乘佛教和禪宗最重要的經典《金剛經》、《心經》、《六祖壇經》，中國第一部詩歌總集《詩經》，第一部紀傳體通史《史記》，第一部編年體通史《資治通鑑》，中國最古老的地理學著作《山海經》，中國古代最著名的遊記《徐霞客遊記》，等等，每一部都是了解中國思想文化不可不知、不可不讀的經典名著。而對於篇幅較大、內容較多的作品，則會精選其中最值得閱讀的篇章。使每一本都能保持適中的篇幅、適中的定價，讓普羅大眾都能買得起、讀得起。

（二）尤重導讀的功能。導讀包括對每一部經典的總體導讀、對所選篇章的分篇（節）導讀，以及對名段、金句的賞析與點評。導讀除介紹相關作品的作者、主要內容等基本情況外，尤強調取用廣闊的「新視野」，將這些經典放在全球範圍內、結合當下社會生活，深入挖掘其內容與思想的普世價值，及對現代社會、現實生活的深刻啟示與借鑒意義。通過這些富有新意的解讀與賞析，真正拉近古代經典與當代社會和當下生活的距離。

（三）通俗易讀的原則。簡明的注釋，直白的譯文，加上深入淺出的導讀與賞析，希望幫助更多的普通讀者讀懂經典，讀懂古人的思想，並能引發更多的思考，獲取更多的知識及更多的生活啟示。

（四）方便實用的原則。關注當下、貼近現實的導讀與賞析，相信有助於讀者「古為今用」、自我提升；卷尾附錄「名句索引」，更有助讀者檢索、重溫及隨時引用。

（五）立體互動，無限延伸。配合文庫的出版，開設專題網站，增加朗讀功能，將文庫進一步延展為有聲讀物，同時增強讀者、作者、出版者之間不受時空限制的自由隨性的交流互動，在使經典閱讀更具立體感、時代感之餘，亦能通過讀編互動，推動經典閱讀的深化與提升。

這些原則可以說都是從讀者的角度考慮並努力貫徹的，希望這一良苦用心最終亦能夠得到讀者的認可、進而達致經典普及的目的。

「弘揚中華文化」是中華書局的創局宗旨，二〇一二年又正值創局一百週年，「承百年基業，傳中華文明」，本局理當更加有所作為。本文庫的出版，既是對百年華誕的紀念與獻禮，也是在弘揚華夏文明之路上「傳承與開創」的標誌之一。

需要特別提到的是，國學大師饒宗頤先生慨然應允擔任本套文庫的名譽主編，除表明先生對本局出版工作的一貫支持外，更顯示先生對倡導經典閱讀、關心文化傳承的一片至誠。在此，我們要向饒公表示由衷的敬佩及誠摯的感謝。

倡導經典閱讀，普及經典文化，永遠都有做不完的工作。期待本文庫的出版，能夠帶給讀者不一樣的感覺。

中華書局編輯部

二〇一二年六月

目錄

下卷

附錄

縱橫捭闔　神鬼莫測
——《鬼谷子》導讀

曾財安

一、鬼谷子生平

鬼谷子，是中國歷史上極富神秘色彩的傳奇人物，據考為春秋戰國時人，大約生於公元前三九〇年左右，卒於公元前三二〇年前後。他是一位活動在戰國中期的著名思想家、謀略家、兵家，更是縱橫家的鼻祖，精於心理揣摩之謀，深明剛柔相濟之勢，通曉縱橫捭闔之術。《隋書．經籍志》記載：「鬼谷子，楚人也，周世隱於鬼谷。」他常入雲夢山（今河南省淇縣境內）採藥修道，後更隱居雲夢山之鬼谷，並在總結政治權謀經驗後，潛心治學，開門授徒，教人以縱橫捭闔之術。時人皆稱之為鬼谷先生，久而久之，他的真實姓名反而被人遺忘。西漢司馬遷所著《史記》也只稱他為鬼谷先生，其他的歷史文獻也只以鬼谷子稱之，沒有留下他的名字，而歷史上有關鬼谷子本人的事跡記載亦不多。

據《史記．蘇秦列傳》和《史記．張儀列傳》記載，鬼谷子是蘇秦和張儀政治縱橫術的老師。蘇秦在戰國時期成功遊說六國（齊、楚、燕、韓、趙、魏）行合縱之策，聯手抗秦，被六國封為相國；張儀則孤身西入秦國，以連橫之計，打動秦惠文君，粉碎六國合縱，後被封為秦相國。蘇秦和張儀在大爭之世，以過人的遊說手段和政治技巧，成功令六國和秦國先後採用在當時來說是前無古人的合縱連橫奇策，悠然地在複雜多變的戰國形勢中馳騁，成就曠世功業。蘇秦和張儀二人的縱橫事跡於當時譽滿天下，在歷史上則傳頌千古，然而二人的縱橫術皆師承鬼谷子，鬼谷子學說的實用性，可見一斑。

二、《鬼谷子》基本內容

鬼谷子的著作《鬼谷子》，始見於《隋書．經籍志》，其主體部分大約成書於戰國時期，是當時的縱橫家唯一流傳至今的著作。據文獻記載，《鬼谷子》一書曾有四家注本，今僅存陶弘景注本，而現今的《鬼谷子》多源自明代的正統道藏版本。

《鬼谷子》書內記載的道理觀點建基於簡樸的唯物辯證法，其內容涵蓋政治、外交、軍事、統治等範疇，是一部有很高實用價值的書，一直為歷代帝王和經世濟民的大臣及學者們所喜愛及研讀。南宋時官至通議大夫的方志學家和目錄學家高似孫便稱讚鬼谷子：「其智謀、其數術、其變譎、其辭談、蓋出戰國諸人之表。」不過，因為此書只強調結果至上，鼓吹唯利是圖，為達目的不擇手段，絕不標榜忠君愛國，不利於封建王朝的統治，故此從來不為帝王所推崇。而此書的縱橫捭闔、權變揣摩之術，因為與儒家所標榜的仁義道德大相徑庭，也被長期把持封建王朝政治的儒家學者視為旁門左道、洪水猛獸，極力撻伐。明代官至翰林學士的文學家和史學家宋濂便對《鬼谷子》大加貶斥：「鬼谷所言之捭闔、飛箝、揣摩之術，皆小夫蛇鼠之智。用之於家則家亡，用之於國則偾國，用之於天下則失天下。」因為《鬼谷子》一書在長達兩千多年的時間裏得不到帝王的提倡，而歷代學者對《鬼谷子》這部書評價又如此參差，毀多譽少，所以《鬼谷子》一書遠不如同時期的《孫子兵法》那麼廣為人知，名氣亦沒有那麼大。不過，在歷史長河中出現過的有關策略謀劃的書本汗牛充棟，而絕大部分都在無情的歲月中被淘汰湮沒，《鬼谷子》一書卻不但被保留下來，更是代代相傳，必有其中的道理，此所謂實踐是檢驗真理的唯一標準。

《鬼谷子》書中所包含的道理技巧完全順應世界上萬事萬物運行的自然規律，謀略的邏輯性非常強，手段非常科學化，用來處理所面對的問題和事物，解決問題能收到直接卓著、立竿見影的效果，故一直是中國歷代眾多追求實效的軍事家、政治家和外交家學習鑽研的奇書。

西漢的開國元勳，後來拜相封侯、並能得善終的陳平，三國時蜀漢出將入相，以一篇「隆中對策」名動天下的諸葛亮等人的安邦定國之策，便表現出非常濃厚的《鬼谷子》風格。至於漢以後的各朝重臣名士，也常常能於他們的言談處事中看到《鬼谷子》的影響，這樣的例子就多不勝舉了。

《鬼谷子》一書開創了中國遊說修辭手段的先河，提出了不同於儒、道、法等學派的政治思想。本書所採用的是「光緒紀元夏月湖北崇文書局開雕版本」，全書分上、中、下三卷，其中上卷包括《捭闔第一》、《反應第二》、《內揵第三》、《抵巇第四》四篇；中卷包括《飛箝第五》、《忤合第六》、《揣第七》、《摩第八》、《權第九》、《謀第十》、《決第十一》、《符言第十二》八篇，此外中卷還有《轉丸第十三》《胠亂第十四》兩篇，可惜的是已經亡佚；下卷包括《本經陰符七篇第十五》、《持樞第十六》、《中經第十七》三篇，不過，它們與其他十二篇的風格截然不同，內容迥異，經考究後，學者多認為是後人的附會之作。無論如何，這三篇都有一些很有特點的論述，歷代學者亦對它們有所注意，所以也把原文收入（稍加點評，未作注譯），以作參考之用。

上卷四篇主要是闡述如何向君主進行遊說，以獲得重用，並在得到重用後，怎樣與君主相處，鞏固雙方的關係，以協助君主治理國家。中卷八篇主要解釋在受到君主的信任，得到其重用後，如何使用縱橫之術，在國與國之間的交涉鬥爭中為君主或自己爭取最大的政治利益。下卷的《本經陰符七篇》、《持樞》、《中經》三篇全部都是講述內修之術，內容敘說如何才可以提高自己的智慧修為，從而可以在精神及思維上去征服對手。全書的內容雖然是針對春秋戰國時期的政治軍事形勢而孕育出來的，不過，其中的道理手段完全能夠在現代世界的日常生活中應用。

三、《鬼谷子》與《孫子兵法》

《鬼谷子》成書比《孫子兵法》晚一百多年，但從書中的內容、思維、邏輯、風格、手段等方面來看，《鬼谷子》堪稱《孫子兵法》的姐妹篇。在國與國的政治較量中，外交是屬於理性的、溫和的手段，而戰爭則是達成政治目的的激烈手段，是在其他所有辦法都失敗後所採用的途徑。《鬼谷子》中所闡釋的縱橫捭闔之術主要是外交行為，而《孫子兵法》裏所描繪的鬥爭技巧則基本是戰爭手段。一個國家有沒有條件進行外交活動，能不能以此來達到政治目的，在很大程度上決定於國家強弱所折射出來的軍事實力。弱國無外交，一個國家如果沒有令對手顧忌的戰爭能力，它的外交活動必定很難展開，就算勉強展開，也一定是失敗的、屈辱的。在這方面，《孫子兵法》便是施展戰爭手段的瑰寶。但是，一個國家雖然擁有強大的國力，如何去把力量展示出來，爭取到與其實力相符的利益，還需要高超的技巧手段，而《鬼谷子》便是外交智慧的源泉。所以，《孫子兵法》裏的戰爭手段的成功實施，為《鬼谷子》的外交智慧的展開製造了條件，反過來說，《鬼谷子》智慧亦為《孫子兵法》手段的實施成就了最大的政治效果和利益，兩者互相配合，相得益彰。

在個人的層面上，道理也是一致的。學習《孫子兵法》，使我們擁有與別人激烈鬥爭的手段，能夠在現代大都市生活與工作當中有效地保護自己。不過，這些手段只能是作為備用的手段，否則，我們每天都會疲於奔命，不得安寧。《孫子兵法》一開始便開門見山地指出：「兵者，國之大事。」它更強調：「百戰百勝，非善之善者也。」《鬼谷子》於是便為我們提供了另一種選擇。它提倡從人的性格、嗜好、職位等着手，以言語藝術來施展心理學上的技巧，把對象藏在心底裏的真意套出來，這樣做對內可以鞏固自己與上司和同事們的關係，從而獲得內部的支持，實施自己的謀劃；對外則可以洞悉對手的思維，爭取到最大的利益。我們如能使用這個技巧去處理事情，那就會使我們做人圓融，辦事和順，處處廣受歡迎，但又不失辦事成功的效果。

另一方面，《鬼谷子》與《孫子兵法》這兩本書當中的價值觀和道理有着驚人的相似之處。利益是它們考慮的唯一因素：《鬼谷子·抵巇第四》說：「世可以治則抵而塞之，不可以治則抵而得之。」《鬼谷子·忤合第六》又說：「世無常貴，事無常師。」《孫子兵法·九地第十一》則說：「合於利而動，不合於利而止。」兩書同樣提倡要不擇手段地去取得成功：《鬼谷子·謀第十》說：「聖人之制道，在隱與匿。非獨忠、信、仁、義也，中正而已矣。」《孫子兵法·始計第一》則說：「兵者，詭道也。」同時，兩書對事物的認知是完全建基於科學化的觀察和分析之上，並不依靠唯心辯證，更不託於鬼神：《鬼谷子．反應第二》說：「反以觀往，復以驗今；反以知古，復以知今；反以知彼，復以知己。」《鬼谷子．飛箝第五》又說：「將欲用之於天下，必度權量能，見天時之盛衰，制地形之廣狹，岨嶮之難易，人民貨財之多少，諸侯之交孰親孰疏、孰愛孰憎，心意之慮懷，審其意知其所好惡。」《孫子兵法．始計第一》則說：「故校之以計，而索其情，曰：主孰有道？將孰有能？天地孰得？法令孰行？兵眾孰強？士卒孰練？賞罰孰明？吾以此知勝負矣。」

總的來說，《鬼谷子》應當與《孫子兵法》一起來研讀，把兩本書裏面的智慧技巧吸收後加以融會貫通，再在日常生活當中因人制宜、因事制宜、因地制宜地去靈活使用，那我們就是掌握了一件威力強大的工具，可以在現代的大爭之世中縱橫馳騁，無往而不利。

四、國內外研究成果

近一二十年以來，國內外學界掀起一股研究鬼谷子的熱潮。在大陸，軍事理論界、史學界、經濟學者、外交界對鬼谷子的研究方興未艾，鬼谷子的學術思想更被廣泛運用於社會生活的諸多領域。為了更有組織更有系統地研究及交流《鬼谷子》理論，近十幾年中，各地紛紛成立鬼谷子文化學術研究會，定期舉行研討會，發表於各種報刊的鬼谷子研究文章達數千篇，其中包括大學裏的研究論文，研究的範圍越來越廣，層次越來越深。

在臺灣，鬼谷子的影響也非常之大，在上世紀五十年代，學者陳英略就出版了《鬼谷子的心理作戰方法與理論》一書，引起了臺灣各界的廣泛注意，此書後來被譯成英文，在美國出版，當時的美國駐臺灣軍事顧問團團長蔡斯為此書作序，繼後又有臺灣大學教授蕭登福以及楊極東、黃春枝等學者對鬼谷子加以研究。臺灣的學術界也成立了鬼谷子學術研究會，現在有會員六千多人，主要關注鬼谷子智慧在企業管理經營等方面的應用，經常在臺北、臺中、高雄等地舉辦各種活動，並定期與大陸的鬼谷子文化學術研究會交流心得，影響所及達數十萬人。

二〇一一年，世界鬼谷子學術研究會在香港注冊成立，這是一個有志於傳承和弘揚中國鬼谷子文化的組織，會員不受地域限制，來自世界各地，主要包括鬼谷子學術研究專家和社會各界鬼谷子文化研究愛好者。研究會內部定期舉行鬼谷子學術資料交流活動，並派出會員參加有關的國際交流會議。

德國著名歷史哲學家奧斯瓦爾德．斯賓格勒的理論被他本國的軍政決策人所重視，對德國的政治軍事影響很大，他在自己的著作《西方的沒落》中高度評價鬼谷子智謀：「鬼谷子的察人之明，對歷史可能性的洞察以及對當時外交技巧（合縱連橫的藝術）的掌握，必然使他成為當時最有影響的人物之一。」出生於德國的美國著名外交家基辛格，是斯賓格勒的學生，深受其影響，推崇中國縱橫家的智慧，因此有人說斯賓格勒是現代的鬼谷子，基辛格則是現代的蘇秦、張儀。

在日本東京，成立了一所「縱橫研究院」，介紹縱橫家思想，研究鬼谷子智謀，並曾請中國學者前去講授鬼谷子學說。日本學者、東洋精工鐘錶公司的重建人大橋武夫不但研究鬼谷子，並著作了《鬼谷子與經營謀略》一書，又主辦「兵法與經營學校」，闡述鬼谷子智謀在現代企業管理與商業競爭中的應用。

五、現代應用價值

鬼谷子的誕生年代是距離現在兩千多年的東周戰國時代。東周自平王東遷雒邑，享受了不到五十年的短暫政治安定後，周天子的天下共主地位，便隨着其迅速沒落的政治和軍事實力而式微。在春秋時期，見於史書的諸侯國有一百二十八個，當中先後崛起的有五位諸侯（齊桓公、秦穆公、晉文公、楚莊王、宋襄公），他們因在封國內推行政治經濟變革成功，力量驟然增強，為了加大自己的政治影響力和地位，遂打出尊王攘夷的旗號，對內代替周天子排難解紛，維持國與國之間的秩序，對外則領導其他的諸侯，驅除夷狄，史稱春秋五霸。這些霸主的成就不是因為繼承了其先祖的政治地位，而是純粹倚仗自己國家的經濟與軍事實力。這些成功的例子使孔孟之學說不再受到重視，代之而興起的是可以快速見效的強國經世手段，有關的學說注重摒棄仁義道德，以功利主義為信條，講究的是實用成效，其中對當時的時局影響最大的莫如兵家、法家和縱橫家。

及至戰國時代，諸侯國的數目已因彼此之間互相攻伐兼併而迅速減少，其中有七個國家國土較大，實力較強，並存於當時，史稱戰國七雄。七雄之間沒了眾多小國作為緩衝，每個國家都與鄰國緊密接壤，而且因為馳道的興建，國與國之間的交通實際距離大為縮短，使相互之間的人流與物流比起從前大為改善，消息往來更加暢通無阻。而隨着教育的普及和平民化，學問不再是少數貴族的特權，大量的優秀學者在民間湧現，成百家爭鳴之態。這時，七雄相互之間的殘酷廝殺，弱肉強食的行為卻是無國無之，無日無之。七雄的君主們在面對如此沉重的存亡壓力時，心中的考慮只有一個，就是如何在最短的時間內強邦興國。他們深刻地體會到，如果國家不能變得強大，很快就會被別國所吞併。這就使他們對擁有富國強兵學問的人士求之若渴，許以高官厚祿。在這樣的背景下，天下有識之士紛紛提出不同的學說，不斷向眾多諸侯遊說推銷。每一種被成功推銷的學說都會立即被投入嚴酷的現實考驗和測試，若能夠有效地在政治上、軍事上、外交上幫助君主振興國力，戰勝敵人的話，有關的學者立即會被重用，封侯拜相，其學說當然亦受到天下人的重視和追捧；否則的話，它們很快便被淘汰，湮沒在歷史的滾滾洪流中。鬼谷子的縱橫學說就是在這樣的背景下產生及受到考驗。鬼谷子本人雖然沒有建立甚麼樣的赫赫功業，但門下弟子蘇秦、張儀兩人，雄辯滔滔，謀略過人，馳騁於險惡的戰國政治環境中，不但如入無人之境，更能把諸國的君主玩弄於股掌之間，建立前無古人的功業，贏得令人目眩的政治地位和富貴榮華。換句話說，《鬼谷子》一書所包含的理論、謀略與手段，其威力直接而強大的效果，在歷史上已經通過了最嚴厲的驗證。

一七八三年，英國科學家瓦特發明了雙向聯動式蒸汽機，標誌着人類的工業革命在英國正式開始。時至二十世紀的中後期，全球的主要國家基本上已完成了工業革命，人類的各樣科學知識和技術突飛猛進，一日千里，現代交通和通訊設備的發明及出現，把國與國、人與人之間的距離進一步大幅度地縮短；世界各地大部分地區之間可以朝發夕至，而在地球上任何一個角落發生的事情，分秒之間便可被電子儀器傳遍全球。在這些新環境中，世界各國不但在政治上、軍事上、外交上短兵相接，毫無緩衝的空間，而在經濟上、貿易上、文化上、民生上也是直接交鋒，慘烈競爭，這種局面可說是與鬼谷子在兩千多年前所處的戰國時代如出一轍，勝者為王，敗者則只能淪為被操控、被淘汰的一方。在如此複雜多變的當代，《鬼谷子》一書所提倡的《捭闔》、《反應》、《抵巇》，《飛箝》、《揣》、《摩》等篇的技巧手段在國與國之間的政治交往、外交斡旋、軍事對峙、國際會議、商貿糾紛談判等等場合不但有用武之地，簡直是大派用場。而在國家的內政上，《內揵》、《忤合》、《權》、《謀》、《決》、《符言》等篇則是當權者在統治及管理方面必須融會貫通的綱目。

隨着人口高度密集的現代化大城市的出現，自耕自足的農業社會生活方式已不復存在，現代化的經濟體系和社會生活模式意味着人與人的關係是非常的密切，相互之間空間是前所沒有的緊逼，每一個人時刻都要努力去投入競爭來爭取生活資源，贏取更好的生存優勢。競爭能力欠佳的人，就會被壓在社會的底層，每天辛勞地工作，卻只能獲得僅堪糊口的回報，困難地掙扎求存。從這個角度看來，《鬼谷子》一書中所包含的權變謀略，在今天也可以應用在提升個人的生存能力上，只要能夠吸收並靈活地應用書中的道理技巧，不僅可以大幅度提高個人的應變能力，更能改善個人的工作效能，拓展個人的生存空間。《鬼谷子》序裏面的兩句，「知性則寡累，知命則不憂」，很能貼切地概括這層意思。

筆者曾於香港警務處服務三十年，在一九九七年香港回歸祖國前後時期擔任首席邊境聯絡工作，負責粵港兩地政府海陸邊境聯絡和陸路邊境警務指揮，為了眾多的過渡安排和雙方在邊境的運作配合事宜，每天需要和內地有關官員聯繫交涉，任務獨一無二，亦無先例可援，困難可謂不少。不過，筆者在工作上靈活變通地運用《鬼谷子》一書中的權變謀略、溝通手段、言語技巧、反應揣摩、抵巇飛箝等技巧，所達成的效果非常之理想，既能在各為其主的情況下把任務完成，也可以在香港回歸前後的敏感時期適當地保持粵港邊境雙方的融洽合作關係。有見及此，筆者特別在此處與諸位分享書中的智慧和應用。

概括地說，鬼谷子學說在全世界的範圍內愈來愈受到重視，人們除了把它應用在政治、外交、經濟等國際領域之外，更將之引申至商業營運、企業管理、金融操控、司法訴訟等各種活動之中，其謀略技巧也逐漸被廣泛應用於現實生活，實在是一部不可不讀的智謀之書。

原序（佚名）

按鬼谷子，無姓名里俗，戰國時隱居潁川陽城之鬼谷，因以自號。長於養性治身，蘇秦張儀師之，受捭闔之術十三章，晚乃益出七術，險盭峭薄，言益奇而道益陋，使人狂狙失守而易於陷墜。柳子厚嘗辨之，劉向、班固錄書無鬼谷子，隋志始列之從橫家。唐志以為蘇秦之書，大抵皆捭、闔、鉤、鈞、鉗、揣、摩之術，觀秦儀二子之言略盡矣。昔倉頡作文字，鬼為之哭，不知鬼谷作是書，鬼何哭邪？今考其言，有曰：人動我靜，人言我聽；知性則寡累，知命則不憂。至盛神養志諸論，所謂中稽道德之祖，散入神明之賾者，殆亦幾乎。

譯文

鬼谷子，沒有留下姓名和其他個人資料，戰國時期隱居於潁川陽城附近的鬼谷，因此以鬼谷作為自己的名號。擅長於修養性情，治理學問，蘇秦及張儀都拜他為老師，學習捭闔之術一共十三章，到晚年再寫出七章之術，內容兇險、乖戾、難懂、涼薄，言語越來越出人意料而且道德觀越來越狹窄，能令人狂妄失去控制而且容易陷於下作。柳子厚（即唐代柳宗元）曾嘗試辨別《鬼谷子》的真假，劉向、班固編錄古籍時沒有把《鬼谷子》收錄，到隋書經籍志時才開始收列為縱橫家。唐志以為它是蘇秦所作的書，大概都是捭、闔、鉤、鈐、鉗、揣、摩的方法及手段，觀看蘇秦和張儀兩人的言論便差不多可以看到其全部內容了。從前倉頡創作文字，鬼神哭泣，不知道鬼谷子寫出《鬼谷子》，鬼神又會如何去哭泣呢？現在考究它的言論，有這樣的說法：別人動我則靜，別人說話我則聽；知道事物的性質則少勞累，知道天命則不會憂慮。至於盛神養志的各種理論，諸如中心思想是考核道德的根源，再滲入神明的奧妙等，差不多就是這樣了。

上卷

捭闔第一

本篇導讀——

《捭闔》是《鬼谷子》的首篇，主要論述如何使用捭（言語撥弄）和闔（不置可否）這兩種言語方法從不同性格的人身上套取他們隱藏在心中的實情，進而有效地掌控事情演變的關鍵，懂得去遵循事情變化的規律，從而像聖人（最高才能及品德的人）一樣，擁有成為平民大眾先驅導師的能力。

本篇內容可以分為六個部分。鬼谷子首先以聖人為例子，介紹他們之所以能夠成為平民大眾的先驅導師，乃是因為他們能夠有效地掌控事情演變的關鍵，善於遵循事情變化的規律。

第二部分指出，人的性格分為不同類別，在套取實情時需要根據不同性格的人來使用兩種不同的談話技巧，那就是捭和闔。

第三部分詳細剖析捭和闔在不同環境中的應用技巧和其能夠達到的效果。

第四部分把談話內容會提及的事物分為陰和陽兩大類別，指出如何相應地使用捭與闔兩種技巧。並列出每一個類別的細分類，指出在使用捭和闔時提到它們的次序和變化。

第五部分強調一定要依據不同的情況去向不同性格的人發揮捭和闔這兩種言語技巧。在進行遊說時，不要受到道德或外部因素的制約。這樣的話，便可以無往而不利。

最後一部分則從戰略高度指出，捭和闔兩種技巧與陰和陽兩種狀況有機結合之後所能達到的道德與實際效果，為本書的學說背書，奠定後續篇章的理論基礎。

粵若稽[1]古，聖人[2]之在天地間也，為眾生[3]之先。觀陰陽之開闔以命物，知存亡之門戶，籌策萬類之終始，達人心之理，見變化之朕焉[4]，而守司其門戶[5]。故聖人之在天下也，自古至今，其道一也[6]，變化無窮，各有所歸[7]，或陰或陽，或柔或剛，或開或閉，或弛或張。

注釋

1 稽：考察。

2 聖人：最高才能及品德的人。

3 眾生：平民大眾。

4 見變化之朕焉：觀察到事物變化的徵兆。

5 而守司其門戶：從而有效地掌控事情演變的關鍵。

6 其道一也：都是始終遵循着同一個事情演變的規律。

7 各有所歸：各自歸納到這個演變的規律。

譯文

若考察歷史便可知道，在天地之間，最高才能及品德的人是平民大眾的先驅導師。他們觀察陰和陽兩類事物產生和消失的緣由以判斷事情的本質，知曉生存或死亡的關鍵，有策略地去籌劃所有事物的開始以至終結，了解人們思想情緒的運行道理，觀察到事物變化的徵兆，從而有效地掌控事情演變的關鍵。而世界上最高才能及品德的人，由古至今，都是遵循同一個事情演變的規律。看上去，事情千變萬化，其實都可以各自歸納到這個演變的規律；這個演變的規律是暗中的也是能看見的，是柔弱的也是剛猛的，是明說出來的也是故意不表達的，是節奏散慢的也是雷厲風行的。

賞析與點評

一個人想要先知先覺，甚麼事情都走在別人的前頭，就必須觀察事物產生和消失的緣由，以判斷事情的本質，從而歸納出其中的規律，有效地掌控事情演變的關鍵。

是故聖人一守司其門戶，審察其所先後，度權量能[1]，校其伎巧短長[2]。夫賢不肖、智愚、勇怯、仁義有差，乃可捭[3]，乃可闔[4]，乃可進，乃可退，乃可賤，乃可貴，無為以牧之。審定有無，以其實虛，隨其嗜欲，以見其志意；微排[5]其所言，而捭反之，以求其實。貴得其指，闔而捭之，以求其利。或開而示之，或闔而閉之。開而示之者，同其情也[6]；闔而閉之者，異其誠也[7]。可與不可，審明其計謀，以原其同異。離合有守，先從其志。

注釋

1 度權量能：審度人的權變能力，衡量其才能。

2 校其伎巧短長：比較其處理事物的技巧的長處及短處。

3 捭（粵：擺；普：bǎi）：言語撥弄。

4 闔：不置可否。

5 微排：稍微排斥。

6 同其情也：表示贊同他的感受。

7 異其誠也：表現出不贊同他所說的話。

譯文

因此，最高才能及品德的人由始至終都有效地掌控事情演變的關鍵，審察事情發生的先後次序，審度人的權變能力和衡量其才能，比較其處理事物技巧的長處及短處。人在賢良、不肖、智慧、愚蠢、勇敢、怯懦、仁義等方面都有差別，所以對待不同性格的人可以採用言語撥弄、不置可否、立刻舉薦、直接摒棄、態度輕賤、予以重視等手法，隨着對方的性格反應而靈活地加以掌控。審查確定對方所談論的事物是真是假，以判斷對方所說的話是虛構的或者是真實的，再跟隨着對方的嗜好和慾望，去查看他的志向及意慾；稍微排斥對方的話，再用相反論調的語言去撥弄他，以探求出對方心中的實情。要好好地利用這樣得來的線索，繼續交替使用言語撥弄或不置可否的手法，以獲得對自己有利的資料。或者打開話題直接告知對方，又或者不置可否地去壓抑對方的情緒。打開話題直接告知對方時，應當是表示贊同他的感受；不置可否地去壓抑對方的情緒時，應當是表現出不贊同他所說的話。對方所提出可以和不可以做的看法時，要細心去審察明了對方的計策謀略，把自己與對方的謀劃相同和有異的因素弄清楚。當雙方的意見有差異也有一致的時候，可首先表面上順從對方的意志。

賞析與點評

若要由始至終都有效地掌控事情演變的關鍵，那就要確切了解相關人物的能力和意志。因為人的性格有很多類別，靈活地使用各種不同的方法去審察不同性格的人便至關重要。但是，無論使用何種方法，基本上都是交替使用捭及闔兩種技巧，來審察對方所說的話是虛是實，是假是真，再以對方的嗜好和慾望去查究他的志向及意願，探求出對方心中的實情，獲得對自己有利的信息。

即欲捭之貴周[1]，即欲闔之貴密[2]。周密之貴，微而與道相追。捭之者，料其

情也；闔之者，結其誠也。皆見其權衡輕重，乃為之度數，聖人因而為之慮。其不中權衡度數，聖人因而自為之慮。故捭者，或捭而出之，或捭而納之；闔者，或闔而取之，或闔而去之。捭闔者，天地之道。捭闔者，以變動陰陽，四時開閉以化萬物。縱橫[3]反出[4]、反覆[5]反忤[6]，必由此矣。捭闔者，道之大化，說之變也，必預審其變化。口者，心之門戶也；心者，神之主也。志意、喜欲、思慮、智謀，此皆由門戶出入。故關之以捭闔，制之以出入。

注釋

1 周：周詳。
2 密：隱秘。
3 縱橫：不受約束地說。
4 反出：如何說或說多少。
5 反覆：完全不說或重複地說。
6 反忤：順着來說或逆着來說。

譯文

如果想用言語來撥弄（捭）對方的心神，最重要是說話的內容要周詳；如果想以不置可否（闔）的態度來攪亂對方的情緒，一定要把意圖保持隱秘。能令內容周詳與意圖隱秘這兩點發揮最大效果的關鍵，就是令它們微妙地追隨事物變化的規律。用言語來撥弄對方，是為了探求對方心中的實情；表現出不置可否的態度來攪亂對方的情緒，是要獲取對方的誠意。兩者都是為了弄清楚對方心中如何權衡輕重，從而揣測到對方謀略的結構和細節，最高才能和品德的人便能夠依據這些信息來考慮事情。但如不能弄清楚對方如何權衡輕重及其謀略的結構和細節的話，最高才能和品德的人自己仍然可以依據當時已知的情形來謀劃。所以，用言語來撥弄對方的心神，探得對方心中的實情後，可以立即使用，或者收納備用；使用不置可否的態度來攪亂對方的情緒，探求到對方的虛實後，也可以加以應用，或棄置不理。捭與闔這兩種形式，就是天地間事物變化的規律。捭和闔這兩種方法，可以變動世上陰陽兩類事物以至四季的規律來跟隨自己的意思變化去影響萬物。縱橫、出入、去復、順逆組成不同方向的言語技巧，必定由捭和闔來發揮。捭與闔這兩種方法，遵循天地變化的根本規律，遊說時的機變必得先察知捭與闔的運用。口是透露思想情緒的途徑，思想情緒則是意欲行為的主宰。意志、喜欲、思慮、智謀等都是經此途徑出入。所以用捭和闔來掌握，以說話與不說話來控制。

賞析與點評

若要有效地去使用捭和闔這兩種言語技巧，先決條件是要注重說話內容周詳並把意圖保持隱秘，而且需要令它們微妙地追隨事物變化的規律。這段後接着詳細地描述各種捭與闔的應用方法，從而探得別人心中的實情。

捭之者，開也、言也、陽[1]也；闔之者，閉也、默也、陰[2]也。陰陽其和，終始其義。故言長生、安樂、富貴、尊榮、顯名、愛好、財利、得意、喜欲為陽，曰「始[3]」。故言死亡、憂患、貧賤、苦辱、棄損、亡利、失意、有害、刑戮、誅罰為陰，曰「終[4]」。諸言法陽之類者，皆曰「始」，言善以始其事者；諸言法陰之類者，皆曰「終」，言惡以終為謀。

注釋

1 陽：公開的，説出來的。

2 陰：收藏起來的，不説出來的。

3 始：開始。

4 終：終結。

譯文

用言語撥弄心神，是開啟對話、是交談、性質是陽的；擺出不置可否的態度，是封閉對話、是保持沉默、性質是陰的。把陰與陽兩種形式和順地交替使用，就可以把捭與闔恰當地發揮。因此説長生、安樂、富貴、尊榮、著名、愛好、財利、得意、喜欲，是陽的事物，交談時應該以這些事物作為開始。因此説死亡、憂患、貧賤、苦辱、損失、亡利、失意、有害、刑戮、誅罰，是陰的事物，應該在談話終結時才提到。所有遊説言辭，只要是提及陽這一類的事物，都應該作為開始，要説起其有利的一面作為遊説的開始；所有遊説言辭，只要是提及陰這一類的事物，都應該是終結，以説到其不利的一面作為謀略的終結。

賞析與點評

這段指出談話內容所提到的事物可以根據其性質分為陰和陽兩大類，並把陽和陰的事物分別列出，還進一步強調陽的事物和其有利的一面只應該在談話開始時提出，而陰的事物和其不利的一面則應該用來終結談話。

捭闔之道，以陰陽試之。故與陽言者依崇高[1]，與陰言者依卑小[2]，以下求小，以高求大。由此言之，無所不出，無所不入，無所不言可。可以說人，可以說家，可以說國，可以說天下。為小無內，為大無外。益損[3]、去就[4]、倍反[5]，皆以陰陽御其事。陽動而行，陰止而藏；陽動而出，陰隨而入。陽還終始，陰極反陽。

注釋

1 崇高：令人尊崇及高尚的。

2 卑小：卑下及低小的。

3 益損：益處或損害。

4 去就：離職或投靠。

5 倍反：反叛或復歸。

譯文

用言語撥弄心神與擺出不置可否態度的規律，就是要以陰或者陽的事物來進行試探。因而，遊說性格是陽的人就要依據令人尊崇及高尚的的事物作為主題，遊說性格為陰的人則要依據卑下及低小的事物，以卑下的言辭來描繪低小的前景，以令人尊崇及高尚的事物來描繪美好的前景。以這樣的方法來進行遊說，沒有甚麼事情不能試探出來，沒有甚麼事情不能探索進去，沒有甚麼事情是不能說的。可以用這樣的方法來遊說人，可以用這樣的方法來遊說家族，可以用這樣的方法來遊說國家，可以用這樣的方法來遊說整個世界。為了達到卑下結果，內心不應該有道德的限制；為求達到崇高的目標，不應該考慮外部因素的制約。無論是遊說對方可以得到益處或受到損害、離職或投靠、反叛或復歸，都應該使用陰陽兩種形式來駕馭事情。陽的事物可以打動對方的話，就繼續遊說，但如果使用陰的事物也不能打動對方的話，就要把自己的意圖收藏起來；陽的事物能夠打動對方的話便立即全部提出，隨後，便要把陰的事物納入交談之中。陽的事物要在開始和終結時都使用，因為，陰的事物發揮盡時就需要反過來使用陽的事物。

賞析與點評

這段繼續指出說話時如何依據不同的事物去向不同性格的人發揮捭和闔這兩種言語技巧，這就是遊説性格是陽的人就要依據令人尊崇及高尚的事物作為主題，遊説性格是陰的人則要依據卑下及低小的事物。在進行遊說時，不要受到道德或外部因素的制約。這樣的話，無論是在個人、家族、國家或者是世界等層面，進行遊說時都可以無往而不利。

以陽動者，德相生也；以陰靜者，形相成也。以陽求陰，苞[1]以德也；以陰結陽，施以力[2]也。陰陽相求，由捭闔也。此天地陰陽之道，而說人之法也。為萬事之先，是謂「圓方[3]」之門戶。

注釋

1 苞：包着花蕾的小葉，此處解作包裝。

2 **力**：有力的威脅。

3 **圓方**：天圓地方，此處解作世界。

譯文

用陽的事物來說動對方的話，便能因而產生道德的感覺；用陰的事物來令對方沉靜下來的話，有利的形勢便已經形成了。發揮陽的事物來追求到施行陰的事物的契機，是以道德作為包裝；用陰的事物和陽的事物相結合，是因為可以藉此施以有力的威脅。陰陽兩種東西之可以互相追求，是由於使用了捭和闔這兩種技巧。此是天地之間陰陽兩種事物的規律，而且是遊說別人的方法。是世上所有事物的前提，也稱為世界演變的關鍵。

賞析與點評

這裏解釋在遊說時，陰和陽兩種事物如何能互為犄角之勢，從而發揮捭和闔這兩種言語方法的巨大威力。

反應第二

本篇導讀——

《反應篇》上接《捭闔篇》，主要論述在談話時，當對方透露了一些事情後，如何去依託歷史及往事去施行捭闔的方法，測試並觀察對方的反應，求證對方心中的欲念和感情，進而準確地衡量他的能力，鎖定他的真實意圖。這樣一來，便可以依據事物變化的規律，不露痕跡地掌控對方。

本篇內容可以分為四個部分。第一部分一開始便強調，古代通曉大道理及其變化的人，是不會依據特定的形式來處理事情的。另一方面，任何事情都是需要通過反觀歷史，比對現今的狀況，才能獲得真相，這是不可以不留意的。

第二部分指出，如果想要在與別人談話當中獲得真情，基本策略是以靜制動。應該盡量把說話的機會先讓給對方，然後再以各種談話技巧來促使對方作出反應，再比對其說的話，找出其心中的實情。

第三部分進一步詳細分析和解釋在使用反應術時，要營造怎麼樣的氣氛來進行交談，當中應當如何去變動捭闔的技巧來促使對方作出反應，從而掌握對方的內心世界、衡量他的能力、準確地鎖定他的真實意圖。

最後一部分強調一定要做到知己知彼。了解別人必先從自己開始，因為了解自己才能夠了解別人，才能不露痕跡地去掌控對方。

古之大化者[1]，乃與無形[2]俱生。反以觀往，覆以驗今；反以知古，覆以知今；反以知彼，覆以知己。動靜、虛實之理，不合來今，反古而求之。事有反而得覆者，聖人之意也，不可不察。

注釋

1 大化：通曉大道理及其變化的人。

2 無形：沒有特定的形式。

譯文

古代通曉大道理及其變化的人，是不會依據特定的形式來處理事情的。反觀過往，並以此來檢驗現今；反看歷史，並以此來認識現今的事情；反觀對方的過去以了解他，又回過頭來以此獲知自己所處的位置。對方所表現出的動靜、虛實，如果其邏輯道理與現在正在發生的事情不相符合的話，就要反觀歷史去探求其中的原委。事情是需要通過反觀歷史才能獲得現在的真相，此乃最高才能及品德的人的主張，不可以不留意。

賞析與點評

古代通曉大道理及其變化的人，是不會依據特定的形式來處理事情的。換句話說，一定要靈活變通地去反觀歷史，再彈性機動地找出對方的言行與說話的邏輯道理。當發現它們与正在發生的事情不相符合的話，就要反觀過往的事情和歷史來比對現今的事情，才能獲得真相。

人言者動[1]也，己默者靜[2]也。因其言聽其辭，言有不合者，反而求之，其應

必出。言有象[3]，事有比[4]。其有象比，以觀其次。象者象其事，比者比其辭也。以無形求有聲，其釣語[5]合事，得人實也。其猶張罝網而取獸也，多張其會而司之。道合其事，彼自出之，此釣人之網也。常持其網驅之，其方無比，乃為之變，以象動之，以報其心、見其情，隨而牧之。已反往，彼覆來，言有象比，因而定基。重之[6]襲之[7]，反之覆之，萬事不失其辭。聖人所誘愚智，事皆不疑。

注釋

1 動：處於動的狀態。
2 靜：處於靜的狀態。
3 象：实質形象。
4 比：類似的事情來比較。
5 釣語：誘導出來的話。
6 重之：重複探求。
7 襲之：突然探求。

譯文

對方發言，是處於動的狀態，自己沉默，是處於靜的狀態。因應對方的言辭來探聽他所表達的思考邏輯，兩者如果有矛盾和不吻合的話，就反過來用過往的事情向對方探求，則對方必然會有應對的話。說話的內容會包含有事情的實質形象，而事情亦會有另外一些類似的事情來比較。既然有形象可以比較，就能以此觀察對方下一步的反應。校量事情要與另外一些類似的事情來進行，比對就要比對對方所表達的思考邏輯。以不表態來促使對方發聲，所誘導出來的話與事實符合的話，就代表獲得了對方的實情。這就如同把網張開來捕捉野獸，要在野獸的會聚點多張開幾張網來控制對方。事物變化的規律與當時的事情符合的話，對方自然會流露實情，這就是誘導別人的網。但如果很多次使用這方法來驅動對方，對方的言辭仍然沒有表露甚麼，無法進行比較的話，那就要改變方法，要以相似的事情來撥動對方，打動他的心思、了解其心中實情，跟隨着實情來加以掌控。自己基於以往的事情來探求，他自會相應地回覆，其回覆的說法可用類似的事情來比較，因此而可以斷定基本的事實。使用以上的方法去重複探求、突然探求、反覆探求，絕不能錯失對方對所有事情所表達的思考邏輯。最高才能及品德的人都使用此種方法，誘導無論是愚笨或有智慧的人來透露心中實情，所以對所有事情都沒有疑惑。

賞析與點評

如果要在與別人談話當中獲得真情，基本策略是以靜制動，後發制人。盡量把說話的機會先讓給對方，再檢驗他所說出來的事情與其背後的思考邏輯，如果發覺當中有矛盾的話，就用過往的事情來向對方探求，則對方必然會有應對的說法。這時候便要靈活地變換各種捭闔的技巧來探求對方的反應，以斷定基本的事實。這樣的話，無論是愚笨或有智慧的人都會透露心中實情。此種談話方式乃是一門非常科學化的應用心理學技巧，若運用純熟的話，非常有效。

古善反聽者，乃變鬼神[1]以得其情，其變當也，而牧之審也。牧之不審，得情不明。得情不明，定基不審。變象比，必有反辭，以還聽之。欲聞其聲反默，欲張反斂[2]，欲高反下，欲取反與。欲開情者，象而比之，以牧其辭，同聲相呼，實理同歸。或因此，或因彼；或以事上[3]，或以牧下[4]。此聽真偽，知同異，得其情詐也。動作言默，與此出入，喜怒由此，以見其式。皆以先定為之法則。以反求覆，觀其所託，故用此者。己欲平靜，以聽其辭，察其事，論萬物，別雄雌[5]。雖非其事，見微知類。若探人而居其內，量其能，射[6]其意也。符[7]應不失，如螣蛇[8]之所指，若羿[9]之引矢。

注釋

1 變鬼神：在不知不覺之間玄妙神奇地改變形勢。
2 瞼（粵：檢；普：jiǎn）：眼瞼，即眼皮；這裏解作收斂。
3 事上：事奉上級。
4 牧下：掌控下屬。
5 雄雌：此處指事情的本質。
6 射：鎖定。
7 符：古代作為憑證的東西。
8 螣（粵：滕；普：téng）蛇：傳說中一種能飛的蛇，咬物必中。
9 羿：即神話故事「后羿射日」中的神射手，曾以九支箭射下天上九個太陽，只留下一個。

譯文

古代善於反觀歷史來向對方探聽的人，實在是可以在不知不覺之間玄妙神奇地改變形勢以獲得對方心中的實情，在談論過程中察覺到一些適當可用的形勢變化的話，要加以掌控並審察其中的道理。掌控這些形勢變化但並不審察其中的道理，所得到的情況就是不明確的。得到的情況不明確的話，以此奠定的言談基調就是未經審察而不可靠的。當對方所説出的事物實質形象在比較中顯露出改變的話，他必會有言辭來解釋，應該讓對方先説，自己則靜聽他的言辭。想要聽對方説話自己要反過來沉默，想要對方敞開心思自己要反過來收斂，想要對方情緒高昂自己要反過來低調，想要套取對方的實情自己則要先給予他一些相關的情況。想要打開對方心中的實情，便要用相像的事物來比較，以引導對方説出實情，因為相同的事物是會互相呼應的，真實的道理是會回歸到同一處的。或者從這裏開始，也能從那裏開始；或者是從如何事奉上級開始，也能從掌控下級開始。以此來審定所聽到的事情是真的還是假的，知道哪些是相同的哪些是相異的，弄清楚情況有否欺詐。自己如何去行動、作為、説話、保持沉默，都是以這個方法來決定，自己表現出來的歡喜憤怒，也以此作為根據，以看出對方的做事方式。以後所有的發展，都是以這些已經首先判定了的事情作為法則。反查往事以獲得現在的实情，觀察對方所依託的事情，都是用這種方法。自己要把達到目的的欲念保持平靜，這樣才能聆聽對方的言辭，審察他所説出的事情，談論世上各種事物，分別事情的本質。有時候所談及的事情雖然不是跟自己想談論的事情直接有關，從談論中所觀察到的微妙細節便可以知曉相類似的事情。就像探求對方實情而能掌握他的內心世界，就能衡量他的能力，準確地鎖定他的真實意圖。像依據憑證去檢驗一樣，不會有差失，如同螣蛇一樣，咬物必中，像后羿指向目標一樣，一矢中的。

賞析與點評

這一段進一步詳細分析和解釋在使用反應術時，要首先在談論過程中察覺一些適當可用的形勢變化，將其掌控並審察其中的道理，以此來找出對方言語中的破綻。當對方試圖解釋這些破綻時，自己要低調沉默，營造氣氛來讓對方説話，適當時候則要用相像的事物來比較，引導對方説出實情，作為以後所有發展的法則。在聆聽對方的言辭時，要把自己探求實情的慾望控制，保持平靜。有時候所談及的事情雖然不是跟自己想談論的事情直接有關，但從中所披露出來的微妙細節也能有助於掌握對方的內心世界、衡量他的能力、準確地鎖定他的真實意圖，分毫不差。

故知之始己，自知而後知人也。其相知也，若比目之魚[1]；見形也，若光之與影也。其察言也不失，若磁石之取針，舌之取燔骨[2]。其與人也微，其見情也疾。如陰與陽，如陽與陰，如圓與方，如方與圓。未見形，圓以道之；既形，方以事之。進退左右，以是司之。己不先定，牧人不正。事用不巧，是謂忘情[3]失道[4]。己審先定，以牧人策，而無形容，莫見其門，是謂天神[5]。

注釋

1 比目之魚：比目魚。古人認為此魚只有一目，看上去有雙目是因為兩魚在一起。以此來比喻成雙成對。

2 燔骨：燒烤過的骨頭。

3 忘情：忘卻實情。

4 失道：沒有跟隨事物變化的規律。

5 天神：如上天一樣地神乎其技。

譯文

所以，要了解別人必先從自己開始，了解自己然後才能夠了解別人。知己和知彼，猶如比目魚兩魚相隨；又猶如光線與影子一樣形神相連。用這樣的方法來審察對方的言辭也是沒有偏失的，就好像用磁石來拿取鐵針，用舌頭吸取燒烤過的骨頭裏的汁液一樣。用這樣的方法來與人相處，可以令人不察覺，但卻能快捷地觀察到真實的情形。好像陰與陽、圓形與方形一樣，相成相形。當還沒知道對方內心的事實時，要用圓滑的方法來引導他說話；一旦對方已說出內心的事實，就要用激烈的方法來對待他。提拔和黜退手下的人，都是以這樣的方法來管理的。自己不先定下標準，就不能正確地駕馭別人。處理事情不靈巧運用以上所說的反應之術的話，就是忘卻實情和沒有跟隨事物變化的規律。自己預先審定好對方的內心、能力、真實意圖，以作為掌控對方的策略，但表面上不露痕跡，令人看不出其中是如何變化的，這就是如上天一樣地神乎其技。

賞析與點評

了解別人必先從自己開始，因為了解自己才能夠了解別人。這樣去施展捭闔反應的談話技巧的話，才能從別人談話當中獲得真情。在此基礎上，就可以不露痕跡地觀察到對方的內心、能力、真實意圖，萬無一失地去掌控別人，卻令人看不出其中是如何變化。

內揵第三

本篇導讀——

《內揵篇》中的「內」指內部；「揵」指支持、鞏固。本篇論述的主題是臣子如何能夠與君主建立內部親密關係，從而可以進獻遊說之辭，有機會來實施自己為君主所制定的謀劃。

此篇分為三個部分。第一部分開門見山地指出，君主與臣子相處關係的親與疏，不是以他們之間的距離，而是以雙方所建立的私人感情來決定的。臣子與君主建立私人感情是要在內部進行及鞏固，而且是要從一開始相處就要交結建立。所使用的方法要不拘一格，唯一原則是投其所好，順其意願。最高理想是達至君臣之間沒有間隙，如同一個人一樣。

第二部分則解釋甚麼是內揵及應當如何應用它。在沒有與君主建立親密的私人關係之前，臣子就去推行所定的謀劃，進行遊說的話，必定失敗。

第三部分指出，要有效地去發揮內揵之術，首先應該從道德、仁義、禮樂、計謀這幾方面開始，以《詩經》、《尚書》裏的道理來驗證自己的計謀，再以內揵之術來掌握君主的心思，達到建功立業的目的。

君臣上下之事，有遠而親，近而疏，就[1]之不用，去[2]之反求。日進前而不御，遙聞聲而相思。事皆有內揵[3]，素結本始。或結以道德，或結以黨友，或結以財貨，或結以采色。用其意，欲入則入，欲出則出，欲親則親，欲疏則疏，欲就則就，欲去則去，欲求則求，欲思則思，若蚨母[4]之從其子也，出無間，入無朕，獨往獨來，莫之能止。

注釋

1 **就**：在跟前。

2 **去**：已離去。

3 **內揵**：內，內裏、裏面。揵，指舉起、支持、鞏固。這裏的意思是指建立內部的親密關係，從而可以有機會進獻遊說之辭，來支持自己為君主所制定的謀劃。

4 **蚨母**：即青蚨，一種昆蟲。傳説青蚨生子，母與子分離後必會聚回一處，如若一體。

譯文

君主與臣子上下相處的關係，有些是雙方距離遠但關係是親密的，有些是距離近但關係是疏離的，在跟前的臣子不被君主任用，已離去的臣子君主卻反而會去尋求。每天走在跟前的臣子不被君主付以重任，有些臣子雖處身在遙遠的地方，但君主一聽到有關他的消息卻會不期然地思念。上下相交的事情一定是要內部互相支持，而且是要從一開始就聯繫結交。或者以共同的道德原則來結交，或者以變成朋友聯成一黨來結交，或者以金錢財物來結交，或者以封地美色來結交。採用對方的意願，他想進入甚麼地方就隨其進入甚麼地方，他想出來做甚麼就隨其出來做甚麼，他想親近甚麼人就隨其親近甚麼人，他想疏遠甚麼人就隨其疏遠甚麼人，他想接觸甚麼東西就隨其接觸甚麼東西，他想不要甚麼東西就隨其不要甚麼東西，他想求取甚麼東西就隨其求取甚麼東西，他嗜好甚麼東西就隨其嗜好甚麼東西，就好像青蚨跟從其下一代聚在一處一樣，出現在甚麼地方也沒有間隙，進入甚麼地方也不需要事先互相聯繫，兩個人就好像一個人獨自往來一樣，所以沒有甚麼東西可以阻止他們如同一個人的行為。

賞析與點評

君主與臣子相處關係的親與疏，不是以他們之間的距離來決定的。有些情形是雙方距離遠但關係是親密的，有些是距離近但關係是疏離的，在身邊的臣子不被君主任用，已經離去的卻反會被尋求，這是因為君臣之間私下所建立的感情有別。而這些私人感情是要從一開始時臣子暗地裏主動與君主結交建立的，絕對不能公開進行。結交的方法只有一種，投其所好，以任何事物做主題都可以：道德原則、交友結黨、金錢財物、封地美色，只要君主喜歡，通通都可以；對君主的意願千依百順：想去甚麼地方、做甚麼事情、親近甚麼人、疏遠甚麼人、接觸甚麼東西、不想要甚麼東西、想求取甚麼東西、嗜好甚麼東西，通通都順從。最終目標只有一個，就是做到君臣之間完全沒有間隙，君主和臣子如同一個人一樣，沒有人可以離間。

內者進說辭也，揵者揵所謀也。……故遠而親者有陰德[1]也，近而疏者志不合也；就而不用者策不得也，去而反求者事中來[2]也；日進前而不御者施不合[3]也，遙聞聲而相思者合於謀，待決事也。故曰：不見其類而為之者，見逆[4]；不得其情而說之者，見非[5]。得其情乃制其術。此用，可出可入，可揵可開。

注釋

1 陰德：私底下有感情。

2 事中來：謀劃的事情最終得到印證。

3 施不合：措施不合適。

4 見逆：會見到相反的結果。

5 見非：見到非議。這裏指會被否定。

譯文

內就是建立內在的親密關係，使自己可以進獻遊說之辭，揵就是支持自己所制定的謀劃。……所以，雙方距離遙遠但關係親密是因為私底下有感情，距離接近但關係疏離是因為大家的志趣合不來；就在身邊的臣子而得不到任用是因為策略得不到贊同，已經離開了的反而去尋求是因為其謀劃的事情最終得到印證；每日都在跟前的臣子而得不到任用是因為所提的措施不合適，已遠離去的臣子君主只要聽到他的消息卻會去尋求是因為彼此的謀劃相合，等待他來議決事情。所以說：還沒有見到有類似謀劃的人在身邊就去推行這個謀劃，會見到相反的結果；還沒有獲得對方的情意而向他進行遊說，會被否定。獲得對方的情意後才可以制定遊說的方法。使用這樣的方法，便可以發揮自如，既能支持自己的謀劃，也能打開局面。

賞析與點評

內揵就是與君主建立親密的私人關係，使自己可以進獻遊説之辭，實施並鞏固自己為君主所制定的謀劃。亦即是説，與君主建立親密的私人關係，是臣子推行謀劃，進行遊説之前的必備基礎。沒有這個基礎而去推行謀劃，會見到相反的結果；進行遊説，會被否定。

故聖人立事，以此先知而揵萬物。由夫道德、仁義、禮樂、計謀，先取《詩》[1]、《書》[2]，混説損益，議去論就。外內者必明道數[3]，揣策來事，見疑決之。策無失計，立功建德。治民入產業[4]，曰揵而內合；上暗不治，下亂不寤[5]，揵而反之。內自得，而外不留説，而飛之。若命自來，已迎而御之。若欲去之，因危與之，環轉因化。莫知所為，退為大儀[6]。

注釋

1 《詩》：《詩經》。

2 《書》：《尚書》。

3 明道數：道，事物變化的規律。數，資料。這裏解作明了事物變化的規律和有關資料。

4 入產業：使其安居樂業。

5 不寤：寤，睡醒。不寤，這裏指不醒覺。

6 大儀：最好的辦法。

譯文

所以，最高才能及品德的人建立事業，都是以此種方法來預先探知實情，然後再鞏固所面對的所有事物。由道德、仁義、禮樂、計謀這幾方面開始，首先混合《詩經》、《尚書》裏的道理，用來驗證自己的計謀有甚麼好或者是壞的地方，考慮甚麼東西要去掉或者添加。必須要由外至內去明了事物變化的規律和有關資料，這樣，就可以揣測及策劃未來的事情，出現疑難的事情可以作出決斷，使得策劃的事情沒有計算失誤，從而建立功業，樹立榜樣。治理萬民，使其安居樂業，這叫做鞏固關係而達致內部同心合力。若君主昏暗無能令局勢不能治理，民眾動亂而不醒覺，那就要鞏固與君主的關係來勸告他改正。如君主內心自鳴得意，不採納外來的意見，應該用飛揚激昂的言辭去遊說。如果是君主命令自己前來的，就應該接受命令而趁機將其駕馭。如果君主想把自己除去，應該向他直接指出他這樣做的話所面對的危險，事情就可能因此而轉過頭來出現變化的機會。如果完全不知道君主心裏面想些甚麼，那激流勇退是最好的辦法。

抵巇第四

本篇導讀——

《抵巇篇》論述如何因應情勢，使用各式各樣的方法來處理君主與臣子之間出現的感情縫隙裂痕，以達到不同的效果和目的。抵是處理，巇是縫隙，抵巇便是處理縫隙的方法。

此篇分為四個部分。第一部分指出世上萬物都有自然發展的規律，所有事情也有結合分離的法則。要明了這些規律和法則，就要考察歷史和察覺對方言辭中的含義。

第二部分解釋，君主與臣子之間出現的感情縫隙裂痕開始時都是有徵兆的，更會由小變大。察覺出這些縫隙裂痕之後，處理的方法有很多，而每一種方法都會達至不同的效果。如果適當發揮的話，可以把細小的縫隙擴大成為大裂隙，以為自己所用。

第三部分進一步指出，當這個世界禍亂充斥，君主昏庸，掌權者沒有道德操守，導致小人橫行，有能力及品德的人或會離去，或被罷黜，倫常敗壞時，就是局勢開始出現縫隙裂痕的時候。最高才能及品德的人可以有兩個選擇，如果局面還是可以治理的話，就使用可以把縫隙裂痕填補的處理方法，如果局面已無法治理的話，便應該運用使自己得到利益的方法去處理。

第四部分說，世界上的所有事情都會出現縫隙裂痕，應該運用捭闔之術來找出其中的縫隙裂痕，加以利用。如暫時沒有縫隙裂痕可以利用，就應該深深地隱藏，耐心等待時機的來臨。

物有自然[1]，事有合離[2]。有近而不可見，遠而可知。近而不可見者，不察其辭也，遠而可知者，反往以驗來也。

注釋

1 自然：自然發展的規律。

2 合離：結合分離的法則。

譯文

世上萬物都有自然發展的規律，所有事情也有結合分離的法則。有的距離得很近但是卻察見不到，有的離得遠的卻能知曉。離得很近但是卻察見不到的，是因為察覺不到對方言辭中的含義，離得遠的卻能知曉的，是因為反過來去考察歷史，以此來檢驗未來將會發生的事情。

賞析與點評

世上萬物都有自然發展的規律，所有事情也有結合分離的法則。要察見到這些規律和法則，就要察覺對方言辭中的含義，同時也要考察歷史，以檢驗未來將會發生的事情。

巇[1]者，罅[2]也；罅者，㵎[3]也；㵎者，成大隙也。巇始有朕[4]，可抵而塞，可抵而卻，可抵而息，可抵而匿，可抵而得，此謂抵巇之理也。事之危也，聖人知之，獨保其用。因化說事，通達計謀，以識細微。經起秋毫之末[5]，揮之於太山之本[6]。其施外，兆萌芽蘖之謀，皆由抵巇。抵巇之隙，為道術用。

注釋

1 巇：縫隙。

2 罅：罅隙。

3 澗：山溝。

4 有朕：有徵兆。

5 秋毫之末：秋天時動物所生出來的細毛末端。比喻非常細小。

6 太山之本：泰山的根本。比喻非常龐大。

譯文

縫隙，可變為罅隙；罅隙，可變為山溝；山溝，已成為大裂痕。縫隙開始時都有徵兆，此時可以使用方法把縫隙閉塞，可以使用方法把縫隙消除，可以使用方法把縫隙止息，可以使用方法把縫隙藏匿，可以使用方法得到縫隙出現的好處，這些都是使用不同的方法來處理縫隙裂痕出現的原理。事情出現了危險之徵兆，最高才能及品德的人可以事先察知的，只是獨自保留而為自己所用。這樣，就可以因應變化來評說事情，通達實現自己的計謀，辨識當中的細微變化。把秋毫末端一樣細小的變化加以發展的話，便能變為可以撼動有如泰山這麼龐大的根本。如何把縫隙的徵兆向其他人指出並施教，以點出及啟萌禍害的計謀，都是根據處理縫隙的各種方法。如何處理大小縫隙，是一種依循事物發展規律的技巧。

賞析與點評

君主與臣子之間出現的感情裂痕開始時都是有徵兆的，處理不當的話，更會由小變大。察覺出這些縫隙裂痕之後，處理的方法有很多，而每一種方法都會達至不同的效果。聖人是有能力事先察知這些縫隙裂痕的，但會保留機會為自己所用。他可以因而順應變化來作出評説，在適當時候，更可以把細小的縫隙擴大成大裂痕，以便達到自己的計謀。

天下分錯，上無明主，公侯無道德，則小人讒賊[1]，賢人不用，聖人竄匿[2]，貪利詐偽者作，君臣相惑，土崩瓦解而相伐射，父子離散，乖亂反目，是謂萌芽巇罅[3]。聖人見萌芽巇罅，則抵之以法。世可以治，則抵而塞之[4]，不可治，則抵而得之[5]。或抵如此，或抵如彼，或抵反之，或抵覆之。五帝[6]之政，抵而塞之，三王[7]之事，抵而得之。諸侯相抵，不可勝數，當此之時，能抵為右。

注釋

1 讒賊：讒言賊行。

2 竄匿：出逃離去，藏匿起來。

3 萌芽巇罅：開始出現縫隙裂痕。

4 塞之：修理、治理。

5 得之：用自己得到利益的方法去處理。

6 五帝：古代傳說中的五個帝王，指的是：伏羲、神農、黃帝、堯、舜。

7 三王：古代三位賢明的君王，指的是：夏朝的禹王、商朝的湯王、周朝的文王。

譯文

當天下分裂，充滿錯誤事情的時候，在最高位的沒有聖明的君主，貴族大官沒有道德操守，這樣，小人就會用讒言賊行攪亂朝政，有能力及品德的人得不到任用，最高才能及品德的人會出逃離去，藏匿起來，貪圖利益奸詐做假的人湧現，君主與臣子互相疑惑，其信心及彼此的關係土崩瓦解而引致互相攻擊討伐，父親和兒子關係疏離鬆散，行為反常及不合倫常，導致反目成仇，這就是局勢開始出現縫隙裂痕的時候。最高才能及品德的人察見出現縫隙裂痕的時候，便使用不同的方法來處理。如果局面還是可以治理的話，就使用可以把縫隙裂痕填補的方法，如果局面已經是不可以治理的話，便應該運用使自己得到利益的方法去處理。或者用這種方法，或者用那種方法去靈活處理，或者用方法使局勢反危成安，或者使用方法加速它的覆滅。五帝時候，是用方法使得局勢反危成安，三王時候，則使用方法加速朝局的覆滅，從而在其中得到利益。諸侯互相使用方法來從對方的縫隙裂痕中獲得利益，數也數不清，在現今這個時候，懂得使用適當的方法來處理縫隙裂痕就是處於上風。

自天地之合離終始，必有巇隙，不可不察也。察之以捭闔，能用此道，聖人也。聖人者，天地之使也。世無可抵，則深隱而待時，時有可抵，則為之謀。可以上合[1]，可以檢下[2]。能因能循，為天地守神。

注釋

1 上合：迎合上級。

2 檢下：檢測下民意願。

譯文

好像天地之間萬事萬物都有離合終始一樣，縫隙裂痕總會相伴隨，不能不察覺知道。用話語來撥弄對方的心神，或者以不置可否的態度來攪亂對方的情緒這兩種方法來察覺到其中的縫隙裂痕，並運用自如，就是最高才能及品德的人。這些最高才能及品德的人，是世上萬事萬物的使者。世上沒有縫隙裂痕可以處理利用，就深深地隱藏以等待時機，遇到可以使用方法來處理縫隙裂痕的機會出現時，就因應機會來謀劃。對上可以迎合君主的心意，對下也可以檢測百姓民眾的意願想法。能夠依據萬物發生的因由及能夠循着其發展的規律去處理利用縫隙裂痕，就可以守護這個世界。

中卷

飛箝第五

本篇導讀——

《飛箝篇》詳細論述飛而箝之的遊說辯論技巧。在本書中，「飛」是飛揚激勵，「箝」是挾持控制。飛箝就是以飛揚激勵的言辭，直接抓住事情的要害部分去進行遊說辯論，以挾持控制對方的言論思考，達到自己預先謀劃好的目的。

此篇分為四個部分。第一部分提出，徵求和吸引遠近的人才來為君主辦事，需要訂立一套審度權變反應和衡量辦事能力的準則。而如何可以去有效審度目標人才的權變反應和衡量其辦事能力則事關重大。這裏詳細描述在審度和衡量的過程當中要考慮的重點和內容。

第二部分詳細介紹施行飛箝之術來審度目標人才權變反應和衡量辦事能力的細節。使用的言辭一定要飛揚激勵才可以挾持箝制對方，同時也要使用靈活多樣的演繹方法，叫對方捉摸不定。但如果這樣也達不到目的的話，就要先把目標人網羅在身邊，然後再動用種種手段，摧毀對方的意志，以達到自己的目的。

第三部分指出在國家政治層面上使用飛箝之術的話，首先需要審度對手的權變反應和衡量其辨事能力。隨後要詳細審視國際形勢，分析每一個國家的國力強弱、山川形勢、人民優劣，國家領導人的性格、喜惡、思慮、慾望。這樣才能夠挾持控制對手所重視的事物來進行遊說。

第四部分解釋如何把飛箝之術使用在挾持控制個人的言談思考上以及應用在遊說別人的交談當中，並介紹兩者所牽涉的不同技巧。使用在挾持控制個人的言談思考時，關鍵在預先拿捏對方的個人智慧能力和影響力；應用在遊說別人的交談當中時，則以套取對方心中的實情，掌握雙方交談的主動權為最重要。

凡度權量能[1]，所以徵遠來近[2]。立勢而制事，必先察同異，別是非之語；見內外之辭，知有無之數；決安危之計，定親疏之事，然後乃權量之。其有隱括[3]，乃可徵，乃可求，乃可用。

注釋

1 度權量能：審度權變反應和衡量辦事能力。

2 徵遠來近：徵引遠近人才。

3 隱括：隱藏及包括。

譯文

凡是審度人的權變反應和衡量其辦事能力，都是因為需要以此來為君主建立一套徵求和吸引遠近的人才的準則。想要樹立有利的形勢而同時制定如何辦事的策略，一定要首先考察想招納的人才的宗旨意向與自己相同和差異的地方，辨別出對方所說的話哪些是對和不對的；察覺到對方內心所想和說出來的言辭的分別，知曉對方所提供的資料哪些是有或者是沒有的；然後判決關係到事情安危的計策，確定哪些是應該多親近，哪些是應該疏遠的事情，這樣才可以去權衡考量招納甚麼人才。當然，在這過程當中如有發現隱藏的人才，也可以公開徵召、禮聘求取或立即任用。

賞析與點評

徵求和吸引遠近的人才來為君王辦事，需要訂立一套審度目標人的權變反應和衡量其辦事能力的準則，在審度和衡量的過程中要考慮的重點和內容包括：考察目標人才的宗旨意向、辨別對方所說的話是對是錯、察覺對方內心所想和講出來的話的分別、分析對方所提供的資料。在獲得這些實情的同時，也需要採用科學化的步驟來判決關係到事情安危的計策，分清楚事情的輕重緩急。這樣才可以權衡考量招納甚麼人才。但如果在過程當中發現難得的人才，也應該不拘一格地、靈活地先把他招為己用。

引鉤箝之辭[1]，飛而箝之。鉤箝之語，其說辭也，乍同乍異。其不可善者，或先徵之而後重累[2]；或先重以累而後毀[3]之；或以重累為毀，或以毀為重累。其用或稱財貨琦瑋[4]，珠玉璧白[5]，采色[6]以事之；或量能立勢以鉤之；或伺候見澗而箝之，其事用抵巇。

注釋

1 鉤箝之辭：引誘捕捉及挾持控制的言辭。

2 重累：以危難、災禍的談話內容來使對方精神受重壓。

3 毀：摧毀。這裏指摧毀對方的意志。

4 琦瑋：琦、瑋，均是美玉的一種。

5 珠玉璧白：泛指珍寶奇玩。

6 采色：色彩繽紛的美麗東西。

譯文

使用引誘捕捉及挾持控制的言辭時，要飛揚激勵才可以挾持控制對方。引誘捕捉及挾持控制的言語，其當中的遊說辭句內容，要忽而相同一致，忽而卻相異背逆。其中有些情形達不到預期的目的時，或者首先用方法徵召對方前來，然後採用危難、災禍的談話內容來使對方精神受重壓；或者首先採用危難、災禍的談話內容來使對方精神受重壓，然後摧毀對方的意志；或者以危難、災禍的談話內容來使對方精神受重壓已可以摧毀對方的意志，或者要摧毀對方的意志方可以使得其精神受重壓。運用引誘捕捉及挾持控制的言語時，或者提供足夠的財物美玉、珍寶奇玩、色彩繽紛的美麗東西來向對方試探；或者考察衡量對方的才能，適當地建立形勢來引誘捕捉對方；或者伺機等待，察見大的縫隙出現時才加以挾持控制，這時應該使用抵巇的技巧。

賞析與點評

本段詳細介紹如何實施飛箝的遊說辯論技巧。在施行飛箝之術時，所使用的言辭一定要飛揚激勵，才可以達到挾持箝制對方言談思維的目的。所採用的言辭內容則要飄忽，忽而相同一致，忽而卻相異背逆，令人捉摸不定自己的真正意圖。但如果這樣也達不到目的的話，就要先使用方法把目標人物網羅過來，再以危難、災禍的談話內容來使得對方精神受重壓，摧毀對方的意志，最終吐露實情，為我所用。在施行飛箝之術時，應該以財寶珍玩、高官厚祿為誘餌。

將欲用之於天下，必度權量能，見天時之盛衰，制地形之廣狹，岨嶮[1]之難易，人民貨財之多少，諸侯之交孰親孰疏、孰愛孰憎，心意之慮懷，審其意知其所好惡，乃就說其所重，以飛箝之辭鉤其所好，以箝求之。

注釋

1 岨嶮：山川阻險。

譯文

欲要將飛箝之術在國家政治層面上使用，一定要審度對方的權變反應和衡量其辦事能力，察見在政治上哪一個國家是強盛，哪一個是衰弱，掌握在地理形勢上哪一個國家是土地廣闊，哪一個土地狹小，山川險阻的交通往來哪一個國家是容易，哪一個是困難，每一個國家的人民的出產和財富有多少，君主在交往上哪一些比較親近或疏遠，君主喜愛甚麼人、憎恨甚麼人，君主心情意念上的思慮和希望，審察君主的意向來獲知其喜歡或不喜歡甚麼東西，於是就從其所重視的事情來進行遊說，以飛揚激勵的言辭來誘導對方透露出其所喜好的事物，然後挾持控制着這個事物來達到目的。

賞析與點評

如果要在國家政治層面上使用飛箝之術的話，首先需要審度對手的權變反應並衡量其辦事能力，要做到既知己，又知彼。繼而要詳細審視國際形勢，分析每一個國家的國力強弱、山川形勢、人民優劣，國家領導人的性格、喜惡、思慮、慾望。建基在這些資料上，再挾持控制對手所重視的事物來進行遊說，成功的機會便能大增。

用之於人則量智能、權材力、料氣勢，為之樞機。以迎之隨之，以箝和之，以意宜之，此飛箝之綴[1]也。用於人則空往而實來[2]，綴而不失，以究其辭。可箝而從，可箝而橫，可引而東，可引而西，可引而南，可引而北，可引而反，可引而覆。雖覆能復，不失其度。

注釋

1 綴：綴，連結。此處解作運用和發揮。

2 空往而實來：使用空洞無物之詞來套取對方的實情。

譯文

要將飛箝之術使用在挾持控制個人上，就要量度對方的智慧和能耐、權衡其才幹和能力、評估其聲勢和影響力，這些都是關鍵重點。然後採用這些資料作為與對方接觸的起點，隨着對方說話的內容去靈活發展雙方的交談，再以飛揚激勵的言辭來附和對方，以融洽的意念態度來與對方相處，這些就是飛箝之術的運用和發揮。把飛箝之術應用在與人的交談當中，則可以使用空洞無物之詞來套取對方的實情，可以連結遊說的言辭而沒有錯失，並以此來探究對方言辭中的實情。可以挾持控制雙方的交談沿縱向發展，可以挾持控制雙方的交談沿橫向發展，可以引導交談向東西南北任何方向發展，可以引導雙方再談論以前討論過的事情，可以引導雙方的交談朝破裂的方向發展。但破裂後又能夠令交談恢復，而不失去原來的節奏氣氛。

賞析與點評

飛箝之術可以使用在挾持控制個人的言談思考上，也能夠應用在遊説別人的交談當中，但是，兩者所牽涉的技巧各有不同。使用在挾持控制個人的言談思考時，關鍵在預先拿捏對方的個人智慧和能耐、權衡其才幹和能力、評估其聲勢和影響力。如果對方的整體能力和影響力對事情可以產生足夠的影響力的話，再在向對方進行遊説時施行飛箝之術。應用在向對方進行遊説時，則先以空洞無物之詞套取對方心中的實情，然後牢牢掌握主動權，靈活地引導雙方的交談內容和發展方向。

忤合第六

本篇導讀——

《忤合篇》中的「忤」解作違逆，「合」則是聚集到一起。「忤合」在本篇的意思就是如何選擇背叛和投靠。在選擇背叛誰和投靠何人時，絕不能基於一時衝動或者是純靠運氣，而是要因應時局的態勢和發展方向，預先詳細地謀劃，再施展飛箝之術，圓滑地使用適當合理的計策，才可以在各種政治形勢下縱橫馳騁。

此篇分為三個部分。第一部分提出，聖人在天下趨向合一或者是分崩離析的時候，會觀察當時所發生的有關事物的態勢和發展方向，預先詳細地謀劃，等待合適的時機，圓滑地使用適當合理的計策，從而靈活地駕馭世事。

第二部分解釋世間沒有恒常高貴的東西，事情也沒有恒常固定的發展模式。對於世事，一定要無所不關顧，無所不聆聽。如果見到有其他君主辦事成功而其背後的計策亦是切合實際的話，便要去和他發展關係，考慮向他投靠。也不要介意背上不好的名聲，因為投靠彼方，必然會背離此方，這是很自然的事情。

第三部分指出擅長背棄和投靠，這樣做不但不會背上不好的名聲，反而是對時局有積極的貢獻，更可以以此來追求自己的目的。在歷史上，這樣的例子不但多不勝數，這樣做的人還被千古傳頌，視為典範。

凡趨合倍反[1]，計有適合，化轉環[2]屬，各有形勢。反覆相求，因事為制。是以聖人居天地之間，立身御世，施教揚聲明名[3]也，必因事物之會，觀天時之宜，因之所多所少，以此先知之，與之轉化。

注釋

1 趨合倍反：趨向合一或背叛分離。

2 環：圓形的手鐲。

3 揚聲明名：提高聲望和知名度。

譯文

凡是要趨向合一或背叛分離，都要使用適當合理的計策，變化轉移計策時要像手環一樣圓滑，各自應對不同的情形態勢。事情可能會有反覆的發展趨勢而可相互補充，要因應事情的本質來制定處理方法。所以，最高才能及品德的人生活在這世界上，在樹立身份和駕馭世事，對百姓施行教化來提高聲望和知名度的時候，必定會根據事物匯聚在一起時的結果，觀察合適的時機，相關原因所佔份量的多少，以這些資料來預先知曉了解事情的本質，使得所施行的計策可以隨着事情的發展而改換變化。

賞析與點評

縱觀天下大勢，都是分分合合，後浪不斷掩蓋前浪。當面對這種情勢時，一定要根據事物演變時的規律，觀察合適的時機，以圓滑的手段去施行適當合理的計策，才能趁機樹立勢力，建功立業。

世無常貴，事無常師。聖人常為，無不為，所聽，無不聽。成於事而合於計謀，與之為主。合於彼，而離於此，計謀不兩忠，必有反忤[1]。反於是，忤於彼，忤於此，反於彼，其術也。用之天下，必量天下而與之。用之國，必量國而與之。用之家，必量家而與之。用之身，必量身材能氣勢[2]而與之，大小進退，其用一也。必先謀慮計定，而後行之以飛箝之術。

注釋

1 反忤（粵：午；普：wǔ）：違逆。

2 量身材能氣勢：衡量個人的才幹、氣度、所處形勢。

譯文

世上沒有恆常高貴的東西，事情也沒有恆常固定的發展模式。最高才能及品德的人常常注視着事情，無所不關顧，聆聽事情時，無所不聽。能促使事情成功而計策亦切合實際，就應以此形勢為主軸去繼續發展。與彼方相契合，但卻背離了此方，因為計謀是不可以對彼、此兩方都忠實的，所以必定會違逆其中一方。反合此方，就背離彼方；背離此方，就反合彼方，這是忤合之術的本質。把忤合之術在全天下施展，一定要根據全天下的實際情況來運用。把忤合之術在治理邦國時施展，一定要根據邦國的實際情況來運用。把忤合之術在管理家族時施展，一定要根據家族的實際情況來運用。把忤合之術用在個人身上，一定要根據自身的才能、影響力、所處的形勢來運用。無論是大的層面或者是小的層面，是進是退，它的使用技巧是一樣的。一定要首先謀劃考慮，定下計策，然後再以飛箝之術來進行。

賞析與點評

世上沒有恆常高貴的東西，事情也沒有恆常固定的發展模式。所以對世事要無所不關顧，無所不聽。當發現有人非常成功而且他的策略是切合實際情況的話，就要和他發展關係，最終考慮向他投靠。這個手段在大至平天下、治理國家，小至管理家族、個人層面都能使用，但一定要立足於自身的才能、影響力和認清楚自己身處的形勢。

古之善背向者，乃協四海，包諸侯、忤合之地而化轉之，然後以之求合。故伊

尹[1]五就湯[2]，五就桀[3]，然後合於湯。呂尚[4]三就文王[5]，三入殷[6]，而不能有所明，然後合於文王。此知天命之箝，故歸之不疑也。非至聖人達奧[7]不能御世。不勞心苦思，不能原事。不悉心見情，不能成名。材質不惠，不能用兵。忠實無真，不能知人。故忤合[8]之道，己必自度材能知睿，量長短遠近，孰不如，乃可以進，乃可以退，乃可以縱，乃可以橫。

注釋

1 伊尹：商朝名相。名伊，尹是官名。
2 湯：商湯王。商朝第一個君主。
3 桀：夏朝最後一位君主，施行暴政，為商湯所滅。
4 呂尚：即姜子牙。輔助周武王滅商。
5 文王：周文王。周武王的父親。
6 殷：商朝的首都。
7 達奧：通曉世界奧妙。
8 忤合：背離或投靠。

譯文

古代擅長背離和投靠的人，是可以協和四海，徹底了解及看清楚諸侯本人、諸侯所身處的令人背離和聯合的處境後，施展計策使其變化轉換，然後以這個過程來追求自己的目的。所以伊尹五次歸順於商湯，又五次歸順於夏桀，然後才與商湯相契合。呂尚三次歸順周文王，又三次前往商殷為臣，因不能盡情地施展自己的才能志向，然後才與周文王相契合。這些都是知曉世界發展大趨勢的堅持，所以對自己選擇的歸依沒有疑慮。不是最高才能及品德和通曉這個世界奧妙的人不能治理天下。沒有勞費心思苦苦思索，不能弄清楚事物的本來面目。沒有盡心去發現真實情況，不能成就名聲。才幹素質不聰慧的話，不能進行軍事運籌。忠厚樸實沒有獲知真相的本領，就不能知人善任。所以，如何選擇背離或投靠，必定要衡度自己的才幹、能力、知識、智慧，估量自己的長短處，現在已掌握的和將來可以發展的條件，哪些能力不如別人，這樣，就可以進，可以退，可以在各種情形下縱橫馳騁。

賞析與點評

擅長背棄和投靠，這樣做不但不會背上不好的名聲，反而是對時局有積極的貢獻，更可以以此來追求自己的目的。在歷史上，這樣做的人不但多不勝數，還被千古傳頌，奉為典範。伊尹、呂尚便是其中的最好例子。但是，只有通曉這個世界的奧妙和知道自己的才幹、能力、知識、智慧、長短處的人，才有能力這樣做。換句話説，如果自己本身是平庸的材料，那就不要輕舉妄動，否則可能會惹火燒身，得不償失。

揣篇第七

本篇導讀——

《揣篇》中的「揣」是估量推測。全篇的主要論點是，在推行治國安民、平定天下的政策之前，一定要首先量度天下的政治形勢，詳細周密地估量推測各個諸侯所處的國內外情勢，這是所有謀略的最重要基礎，亦是進行遊說前要嚴格遵守的法則。

本篇分為三個部分。第一部分指出，古代擅長治理天下的人，必定會量度天下的政治形勢，詳細周密地估量推測各個諸侯所處的國內外情勢。這包括有關國家的一切資料，如君主、大臣、山川形勢、政策、國民、出產等等。

第二部分闡述詳細周密地估量推測各個諸侯所處的國內外情勢的方法。有關的實情當然最好是從局內人的身上獲得。這就要首先掌握局內人的心理情緒，配以談話技巧，再估量推測他們對有關事物的情感變化，便可以從這些人身上獲得真情。

第三部分進一步闡述，無論是謀劃國家事務抑或是遊說君主，在事前一定要量度天下的政治形勢，審察有關人士的感情慾望變化，然後去估量猜測實情。不這樣，就無法獲知隱瞞藏匿的實情，不會懂得在事情爆發之前採取相應行動。

古之善用天下者，必量天下之權，而揣[1]諸侯之情。量權不審，不知強弱輕重之稱。揣情不審，不知隱匿變化之動靜。何謂量權？曰：「度於大小，謀於眾寡。稱貨財之有無，料人民多少、饒乏[2]，有餘不足幾何？辨地形之險易孰利、孰害？謀慮孰長、孰短？揆君臣之親疏，孰賢、孰不肖？與賓客之知睿[3]孰少、孰多？觀天時之禍福孰吉、孰凶？諸侯之親孰用、孰不用？百姓之心去就變化，孰安、孰危？孰好、孰憎？反側孰便[4]？能知如此者，是謂權量。

注釋

1 揣：估量；推測。

2 饒乏：充沛或缺乏。

3 知睿：知識睿智。

4 執便：如何察知。

譯文

古代擅長治理天下的人，必定會量度天下的政治形勢，而估量推測各個諸侯所處的國內外情勢。量度及權衡天下的政治形勢而不詳細周密，不能知曉各種勢力強弱和分量輕重。估量猜測各個諸侯所處的國情而不詳細周密，不能知曉究竟有多少隱瞞藏匿的事情及箇中不斷的變化。甚麼叫做量度及權衡天下的政治形勢？答案是：「量度國家總體力量的大小，其謀劃策略有利於眾多國民或者是少數貴族。計算對方有哪些出產和經濟能力，估計其國民的人口數量多少、人才充沛或者是缺乏，其國家在各個領域有些甚麼是充足，甚麼是不足？辨別出其地理山川形勢裏哪些是險峻，哪些是平坦，對這個國家有利和有害的影響分別是甚麼？其謀劃考慮有哪些是長處，哪些是短處？君主與哪些朝臣親近，哪些疏遠，哪一個是賢能，哪一個是不肖？身邊謀士的知識睿智，哪一個少，哪一個多？觀察現時的政治大勢如何發展，找出誰是平安大吉，誰處於兇險境地？各個諸侯在親近甚麼樣的臣子，重用哪一個，不重用哪一個？國民的心裏是想去掉甚麼，留下甚麼及其中的變化，哪些是安定的因素，哪些會導致危機？國民喜好甚麼事情，憎惡甚麼事情？國民想反對和傾覆的事情如何察知？」如果能夠知曉以上的情況的話，這才叫會量度及權衡天下的政治形勢。

賞析與點評

欲治國平天下，必先要量度天下的政治形勢和詳細周密地估量推測國內外情勢。這當中包括有關國家的一切資料及評估，如領導人、高級官員、山川形勢、政策長短、人口多少、人才多寡、經濟出產、民心嚮背等等。否則，你不能知道這世界究竟有多少隱瞞藏匿的事情，亦根本無從作出準確的決定和行動。這個原理，在個人層面上也是百分百適用的。

揣情者，必以其甚喜之時，往，而極其欲也。其有欲也，不能隱其情。必以其甚懼之時，往，而極其惡也。其有惡也，不能隱其情，情欲必失其變。感動而不知其變者，乃且錯其人，勿與語，而更問所親，知其所安。夫情變於內[1]者，形見於外。故常必以其見者，而知其隱者，此所以謂測深揣情[2]。

注釋

1 情變於內：情感在內心發生變化。

2 測深揣情：檢測深藏的心思和估量猜測實情。

譯文

估量推測實情的人，必定看準對方處於非常開心興奮的時候，使用方法令他的慾望膨脹到最高點。當對方心中充滿慾望時，就不能夠隱瞞實情。必定看準對方處於非常恐懼的時候，使用方法令他的厭惡禍害的情緒膨脹到最高。當對方心中充滿厭惡禍害的情緒時，就不能夠隱瞞實情，情感慾望變化波動時就會產生過失。當感覺對方情緒波動但察知不到其內心的變化時，就暫且放低對方，不與對方交談，改為向和對方關係密切的人查問，以獲知對方情感依託的根據。當對方情感在內心發生變化，就會有相關的外在形態顯露。所以，必定能從對方經常可以看得出的情感變化中，來獲知其隱瞞的實情，這就是所說的檢測深藏的心思和估量猜測實情的方法。

賞析與點評

如何詳細周密地獲悉有用的訊息？最簡單而準確的方法就是從局內人的口中獲得。但要從這些人身上獲得真實情況，就要首先掌握他們的心理情緒，然後趁他們感覺非常開心興奮或極度恐懼的時候，運用談話技巧，無限量地放大他們的興奮或恐懼感覺，再從他們的口中或情感變化中估量猜測到實情。

故計國事者，則當審權量；說人主，則當審揣情。謀慮情欲，必出於此。乃可貴，乃可賤；乃可重，乃可輕；乃可利，乃可害；乃可成，乃可敗，其數一也[1]。故雖有先王之道，聖智之謀，非揣情，隱匿無所索之。此謀之大本[2]，而說之法也。常有事於人，人莫先事而至，此最難為。故曰：揣情最難守司，言必時其謀慮。故觀蜎[3]飛蠕動，無不有利害，可以生事美。生事者，幾之勢也。此揣情飾言，成文章而後論之。

注釋

1 其數一也：其中的道理都是一樣的。

2 謀之大本：謀略中最重要的基礎。

3 蜎：蚊子的幼蟲。

譯文

所以謀劃國家事務的人，就應當審察量度天下的政治形勢；遊説君主的人，就應當審察如何估量猜測實情。謀劃考慮對方感情慾望變化的技巧，必定出於這兩種方法。這兩種方法可以對高貴或低賤的人使用；可以在重要或普通的事情中使用；可以為對方帶來利益或禍害時使用；可以在促成或敗壞事情時使用，其中的計算都是一樣的。所以，雖然擁有古聖君王的法則、聖人一樣的智慧謀略，沒有審察如何去估量推測實情，隱瞞藏匿的實情就無法獲知。這是謀略的最重要基礎，亦是進行遊説的法則。人經常有事情藏匿在心中，有關的人卻不懂得在事情爆發之前採取相應行動，因為這是最難做到的事情。所以説：「估量推測實情是最難掌握的，因為，所有與對方的言談都需要在掌握時局變化，及要與自己的謀略考慮有關的基礎上進行。」故此，就算觀察昆蟲怎樣在空中飛行或在陸地上蠕動，無不存在有量度利害，可以使所處理的事情得到好處的考慮。事情產生變化時，往往會出現一種細微的趨勢。這種揣情，需要藉助漂亮的言辭或文章，而後才能進行遊説應用。

賞析與點評

事情產生變化時，往往會出現一種細微的趨勢，通過觀察分析這種趨勢，便能推測實情。所以，無論是謀劃國家事務抑或是遊説君主，在事前一定要量度天下的政治形勢，審察有關人士的感情慾望變化。不這樣，就無法獲知隱瞞藏匿的實情，不會懂得在事情爆發之前採取相應行動。此種方法，可以對高貴或低賤的人使用，可以在重要或普通的事情中使用；可以為對方帶來利益或禍害時使用；可以在促成或敗壞事情時使用，這是因為，其中所牽涉的計算道理都是一樣的。

摩篇第八

本篇導讀——

《摩篇》中的「摩」，解作接近並體察對方。本篇指出，接近並體察對方，是為了要探知了解對方的言行態度，然後加以估量推測。這樣便可以從中察覺到一些相關的實情，再以此暗中謀劃和安排，把事情辦好。要注意的是，接近並體察對方的時候，必須要因應其性格而靈活發揮，做到彼此情意相投。除此之外，更要掌握事物運行的規律、正確的處理方法與適當的時機，方能成功。

此篇分為四個部分。第一部分提出，接近並體察對方，方有機會探知並了解他的言行態度，加以估量推測。使用這個方法時，一定要首先附和對方，待對方有所反應時，卻又稍微抵制其慾望，使對方內心感情發生矛盾變化，影響其言行態度。這樣的話，甚麼實情都可以探測到。

第二部分介紹，善於接近並體察的人，亦善於在事情的背後暗中謀劃，經常能在沒有鬥爭、不耗費資源的情形下取得成功的結果。

第三部分指出，接近並體察對方，可以運用平、正、喜、怒、名、行、廉、信、利、卑等十種方法。不過，這十種方法一定要靈活混合使用，方能成功。

第四部分解釋在接近並體察對方時，如果要令對方願意聽進去遊說的言辭，首先必定要做到彼此之間沒有縫隙。同時，更要掌握事物運行的規律、正確的處理方法與適當的時機，方能成功。

摩[1]之，符[2]也。內符者，揣之主也。用之有道，其道必隱。微摩之以其所欲，測而探之，內符必應。其應也，必有為之。故微而去之，是謂塞窌匿端[3]，隱貌逃情[4]，而人不知，故成事而無患。摩之在此，符之在彼。從而應之，事無不可。

注釋

1 摩：接近並體察。

2 符：探知並了解言行態度。

3 塞窌匿端：窌，地窖。全句解作堵塞地窖，隱匿端倪。

4 隱貌逃情：隱藏面貌，遮瞞感情。

譯文

接近並體察對方，是要探知了解他的言行態度。內心情感變化而表露出來的言行態度，則是估量推測的主要對象。使用接近並體察的方法時要遵循正確的規律，這樣的話，所使用的規律會是隱蔽而難以察覺的。稍微接近對方並體察他心中所想的慾望，繼而對其進行測試以探究當中內情，其內心情感變化必會表現為相應的言行態度。當對方流露出相應的言行態度時，則必定可以從中察覺到一些相關的情形。這時，便要稍微抵制對方的慾望，這就好像是把地窖堵塞一樣地去隱匿端倪，可以隱藏原來面貌和遮瞞真實感情，令別人無從知曉，所以能夠成就事情而沒有甚麼後患。一方面接近並體察對方，另一方面則探知了解其言行態度。兩者互相呼應，沒有甚麼事情辦不成。

賞析與點評

如果想探知實情，第一步是要去接近並體察當事人，方有機會探知並了解他的言行態度，而加以估量推測。接近並體察對方時，一定要首先附和對方的慾望，然後再稍微提出異議。這樣的話，對方內心感情便會受到衝擊，發生變化，進而影響其言行態度，暴露其心中的實情。

古之善摩者，如操鉤而臨深淵，餌而投之，必得魚焉。故曰，主事日成，而人不知；主兵日勝，而人不畏也。聖人謀之於陰，故曰神，成之於陽，故曰明。所謂主事[1]日成者，積德也，而民安之，不知其所以利；積善也，而民道之，不知其所以然，而天下比之神明也。主兵日勝者，常戰於不爭[2]、不費[3]，而民不知所以服，不知所以畏，而天下比之神明。

注釋

1 主事：謀劃進行的事情。

2 不爭：沒有戰爭。

3 不費：不耗費資源。

譯文

古代善於接近並體察對方的人，如同坐在深潭旁邊操控着釣竿，把餌投下，一定會把魚釣到啊。所以說，所主導的事情日漸成功而別人卻毫不知曉；主導的戰事日漸獲得勝利而別人卻不感到恐懼。最高才能及品德的人善於在背後暗中謀劃，所以稱為神，但所有人都知道事情的成功結果，所以稱為明。所謂謀劃進行的事情日漸成功，就會積聚國民都喜歡的效果，而國民在安享這些效果時，卻不知這些有利的效果是如何產生的；那些積累起來的好事情，國民都會說出來，但卻不懂得是甚麼原因使得這些好事情出現，而天下間的人都把這些善於接近並體會對方的人比若神明。主導軍事而常常取得勝利的人，經常能在沒有戰鬥、不耗費資源的情形下去進行戰爭，而國民不用知曉為甚麼去服從，不用知曉有甚麼要去畏懼，而天下間的人都把這些善於接近並體察對方的人比若神明。

賞析與點評

善於接近並體察的人，亦善於在事情的背後暗中謀劃，經常能在沒有鬥爭、不耗費資源的情形下產生成功的結果。這裏更加指出，國民不用，也不會知道這些成功是如何達至的，因此沒有煩惱或畏懼，但卻都會樂於享受這些成功的結果。因此，國民都會把這些善於接近並體察的人奉若神明。

其摩者，有以平，有以正，有以喜，有以怒，有以名[1]，有以行，有以廉，有以信，有以利，有以卑。平者，靜也；正者，直也；喜者，悅也；怒者，動也；名者，發[2]也；行者，成也；廉者，潔也；信者，明也；利者，求也；卑者，諂也。故聖人所獨用者，眾人皆有之，然無成功者，其用之非也。故謀莫難於周密，說莫難於悉聽，事莫難於必成，此三者，然後能之。

注釋

1 名：注重揚名。

2 發：發揚名聲。

譯文

接近並體察對方，可以運用平、正、喜、怒、名、行、廉、信、利、卑等方法。

對方性格平和的話，就採用平靜的言行去接近並體察對方；對方性格方正的話，就採用直率的言行去接近並體察；對方性格歡喜樂觀的話，就令對方喜悅，然後接近並體察；對方性格容易發怒的話，就使對方激動，然後接近並體察；對方注重揚名的話，就發揚對方的名聲，然後接近並體察；對方喜歡行動辦事的話，就令對方的行動有所成，然後接近並體察；對方性格清廉的話，就採用廉潔的言辭去接近並體察；對方性格是守信用的話，就把對方放在大眾都看到聽到的明顯位置，然後接近並體察；對方感覺自己處於比起其他人有利的位置，就採用請求的言辭去接近並體察；對方自覺卑微的的話，就予以諂媚，然後接近並體察。然而，看上去是最高才能及品德的人才曉得使用的這些技巧，其實很多人都懂得，但他們沒有一個成功，因為他們用之不得其法。所以謀劃事情沒有比做到周詳細密更困難，進行遊説沒有比事先已聽取了有關事情的全部情況更困難，辦事情沒有比一定會辦成功的信心更困難，有了這三樣東西，然後才能夠成功接近並體會對方，獲知對方的心思。

賞析與點評

接近並體察對方時，除了要把平、正、喜、怒、名、行、廉、信、利、卑等十種方法靈活使用外，更需要事先謀劃周詳細密、完全了解有關實情、心裏充滿成功的信心，方能準確地獲知對方的心思。

故謀必欲周密，必擇其所與通者說也。故曰，或結而無隙也。夫事成必合於數，故曰道數與時相偶者也。說者聽，必合於情。故曰情合者聽。故物歸類，抱薪[1]趨火，燥者先燃；平地注水，濕者先濡[2]。此物類相應，於勢譬猶是也。此言內符之應外摩也如是。故曰摩之以其類，焉有不相應者？乃摩之以其欲，焉有不聽者？故曰，獨行之道。夫幾者[3]不晚，成而不抱，久而化成。

注釋

1 薪：用來煮食的乾柴草。

2 濡：浸潤。

3 幾者：幾，通機。幾者，通曉隱微，見機行事的人。

譯文

所以謀劃事情必須先做到周詳細密，必須選擇可以與對方溝通的東西和方法來進行遊說。要結交就要做到彼此之間沒有縫隙。事情若要成功，所採取的行動必定要與正確的處理方法吻合，所以說，要同時掌握事物運行的規律、正確的處理方法與適當的時機，方能成功。進行遊說時要對方願意聽進去，必定要大家情意相合。所以說，大家情意相合，對方才會聽從所提出來的計策。這是因為事物都會歸一到自己的種類，比如抱着柴薪向火靠近，乾燥的部分會先燃燒起來；倒水在平地上，本來已經是濕的地方會先浸起來。這是同一類的事物會互相有感應，對於情勢來說，更加是這樣。同樣地，內心的思維意欲和其從外面接近並體察到事物的反應也是一個道理。所以說，使用類似的事物來接近體察，豈有不互相感應？依據對方的意欲來接近體察，哪會不被聽從採納呢？所以說，這是一種只能自己單獨施行的方法。能夠通曉隱微，見機行事的人不會急於採取行動，而成功了亦不會居功自恃，把這些行為堅持不懈地實行，就會成就功業。

賞析與點評

在接近並體察對方時，為了讓對方能聽得進去遊說的言辭，首先必定要做到彼此之間情意相合，沒有縫隙。更要掌握事物運行的規律、正確的處理方法與適當的時機。另外，要能夠通曉隱微，見機行事，不會急於採取行動。而就算成功了亦不會居功自恃。這樣做方能成就功業。

權篇第九

本篇導讀——

《權篇》中的「權」，解作量權。量，即是根據所稱的物體輕重而變換砝碼；權，即是秤所用的砝碼。在本篇，量權引申為在遊説時，必須隨着不同的情況而選擇適當的説服方式。

此篇分為三個部分。第一部分開門見山地指出，遊説的本質就是拿自己的計策去勸説別人。而遊説所牽涉到的言語技巧有非常多，首先應當了解這些言語技巧的本質和在甚麼情形下應該使用甚麼技巧，這樣就可以因應不同的情況來靈活發揮。

第二部分強調，口是表達感情心意的關鍵器官，非常重要，但卻不能單獨運用，一定要和耳目一起調和配合，方能因應情況而選擇適當的説服方式。同樣重要的是，一定要選擇適當的遊説事物，並在事前加以了解，方能在最大程度上利用自己的長處。

第三部分詳細分析，人的言辭可以分為五大類，一定要加以了解研究，使自己精通於這些言辭的奧妙。而在進行遊說時則要審時度勢，靈活機動，哪一種言辭有利於發揮就使用哪一種。另外，人也是依據其性格和能力而分成不同類別的，不同類別的人就要沿着不同的主旨去與其交談。

說者，說之也；說之者，資之也。飾言者，假之也；假之者，益損也。應對者，利辭也[1]；利辭者，輕論也。成義者[2]，明之也；明之者，符驗[3]也。難言者，卻論也；卻論者，釣幾[4]也。佞言[5]者諂而於忠，諛言者博而於智，平言者決而於勇，戚言者權而於信，靜言者反而於勝。先意承欲者，諂也；繁稱文辭者，博也；策選進謀者，權也；縱舍不宜者，決也；先分不足而窒非[6]者，反也。

注釋

1 利辭：巧辯的言論。

2 成義：有意義的言論。

3 符驗：符合應驗事實。

4 釣幾：引誘對方以等待機會。

5 佞言：花言巧語。

6 窒非：責備非議自己的人。

譯文

遊說，就是勸說別人；勸說，就是以計策資助別人。修飾言辭，就是假借言辭技巧；假借言辭技巧，就是把事物的利害強調或淡化。應辯對答，是巧辯的言論；巧辯的言論，是輕率的言論。有意義的言論，能闡明真偽；能闡明真偽，是符合應驗事實的。指責的話，是反對的言論；反對的言論，是引誘並等待對方表露出內心的真實感情想法，從而找到機會。花言巧語，是用巴結奉承的話語以表現忠誠；諂媚討好，是用繁複吹噓的話語以表現智慧；平實言辭，是用果決的話語以表現勇氣；憂戚言辭，是用進獻權謀以獲得信任；巧飾言辭，是自己不足但反而指責別人以爭取勝利。預先猜測對方意思來說話，奉承他的慾望，這是諂媚；把繁複吹噓的話語說成是道理，這是虛偽的廣博；選擇性地把一些策略當作計謀去進獻，這是權變；大刀闊斧地捨棄不適宜的事物，這是決斷；自己理據不夠卻去責備非議他人，這是反客為主。

賞析與點評

遊說的本質就是拿自己的計策去勸說別人。而遊說所牽涉到的言語技巧非常之多，所以應當首先了解言語技巧的本質和在甚麼情形下應該使用甚麼技巧。這樣不單可以因應不同的情況來靈活發揮，達成自己的目的，更能在對方企圖施展這種技巧時將其識破，不受對方影響。

故口者，機關也，所以閉情意也。耳目者，心之佐助也，所以窺間見奸邪[1]。故曰：參[2]調而應，利道而動。故繁言而不亂，翺翔而不迷，變易而不危者，觀要得理。故無目者不可示以五色，無耳者不可告以五音。故不可以往者，無所開之也，不可以來者，無所受之也，物有不通者，故不事也。古人有言曰：口可以食，不可以言。言者，有諱忌也。眾口鑠金，言有曲故也。人之情，出言則欲聽，舉事則欲成。是故智者不用其所短，而用愚人之所長；不用其所拙，而用愚人之所工，故不困也。言其有利者，從其所長也，言其有害者，避其所短也。故介蟲[3]之捍也，必為堅厚，螫蟲[4]之動也，必以毒螫。故禽獸之用其長，而談者知用其用也。

注釋

1 窺間見奸邪：窺視間諜和察見奸邪。

2 參：三。

3 介蟲：甲蟲。

4 螫（粵：sik[7]；普：shì）蟲：有毒刺的蟲。

譯文

所以，口是總管說話的器官，是以它來關閉感情心意的。耳朵和眼睛是思維的輔佐和幫助，因為它可以窺視間諜和察見奸邪。所以說：口、耳、目三者調和的話就會互相呼應，沿着有利的方向去發展。因而能夠縱使說話繁多但不會雜亂，任意發揮但不會迷失方向，改變及更易談話內容但不會有危險，觀察着主要的東西便可以得到有關的道理。所以，視而不見的人不可能向他展示各種色彩，聽覺遲鈍的人不可能和他談論音調變化。所以，有些人不能夠回顧歷史往事，就沒有東西可以用來開導他，沒有東西可以和他展望將來，他也就沒有能力接受未來會發生的事物，他就變成不能通曉事物的人，所以就不可以成就事情。從前的人說過：口可以吃東西，但不可以隨便說話。說話，是有所顧忌隱諱的。眾人的口，其威力大到好像火一樣無堅不摧，可以熔化金子，因為他們用口中所說的話可以扭曲事實。人的性情是有人說話就想去聽，籌辦事情就希望其成功。因為如此，不要採用聰明人的短處，而要採用愚笨的人的長處；不要採用聰明人所不擅長的本事，而採用愚笨的人所擅長的本事，所以不會陷於困境。說到對方有利的東西，要沿着他擅長的事物去發揮，但說到對他有害處的東西時，則要避免揭露他的短處。好像甲蟲用來捍衛自己的，必定是堅厚的甲殼，有毒刺的蟲要攻擊的話，必使用牠的毒刺。正如禽獸都知道利用自己的長處，所以，進行遊說的人也應知道使用自己該用的技巧。

賞析與點評

口是表達感情心意的關鍵器官，非常重要，但卻不能單獨運作，一定要和耳朵及眼睛一起調和使用，方能隨不同的情況而選擇適當的說服方式。同樣重要的是所揀選的遊說事物，一定要懂得自己進行遊說的事物，自己也對對手的性格和能力有透徹的了解，方能達到最好的效果。

故曰，辭言五：曰病，曰怨，曰憂，曰怒，曰喜。故曰：病者，感衰氣而不神也；怨者，腸絕而無主[1]也；憂者，閉塞而不泄也；怒者，妄動而不治也；喜者，宣散而無要[2]也。此五者，精則用之，利則行之。故與智者言，依於博；與拙者言，依於辯；與辯者言，依以要；與貴者言，依於勢；與富者言，依於高；與貧者言，依於利；與賤者言，依於謙；與勇者言，依以敢；與過者言，依於銳。此其術也，而人常反之。是故與智者言，將此以明之；與不智者言，將此以教之，而甚難為也。故言多類，事多變。故終日言不失其類，故事不亂。終日不變而不失其主，故智貴不妄。聽貴聰，智貴明，辭貴奇。

注釋

1 腸絕而無主：說話哀怨斷腸而沒有主旨。

2 宣散而無要：說話聲大卻鬆散而沒有要點。

譯文

所以說，人的言辭有五類：病言、怨言、憂言、怒言、喜言。病言，就是說話有衰竭之氣而精神不足；怨言，就是說話哀怨斷腸而沒有主旨；憂言，就是說話關閉阻塞而不能宣洩；怒言，就是胡亂說話而沒有條理；喜言，就是說話聲大卻鬆散而沒有要點。這五種言辭，精通後便可以使用，哪種有利就將其實行。所以與有智慧的人交談，要依靠淵博；與笨拙的人交談，要依靠辯駁；與善辯的人交談，要依靠提綱挈領；與地位高貴的人交談，要依靠權勢；與富貴的人交談，要依靠道德高位；與貧窮的人交談，要依靠利益；與地位低下的人交談，要依靠謙卑態度；與有勇氣的人交談，要依靠激發對方敢做的心；與曾犯過錯的人交談，要依靠尖銳堅決的態度。這些都是交談的技術，但人們卻經常違背它們。所以，與有智慧的人溝通時，可對他們說明這些技巧；與沒有智慧的人溝通時，可教導他們這些技巧，雖然這是很難辦到的事情。所以，言談雖然有很多種類，而事情亦有很多變化。但要做到長時間與人交談而不錯用技巧，而所討論的事情不會混亂。長時間與人談論同一件事情而不把宗旨迷失，所以有智慧的人不會紊亂。聆聽時最重要的是聰敏，智慧最重要的地方是能夠明了事情，言辭最重要的地方是奇特獨有。

賞析與點評

人的言辭可以分為五大類，即病言、怨言、憂言、怒言、喜言。一定要把這五類言辭加以研究了解，使自己精通其中的奧妙，方能在與對方交談時，在事情的眾多變化中應用適當的言辭。與此同時，自己要審時度勢，靈活機動，針對不同性格和能力的人，沿着不同的主旨去與其交談發揮，遊說方能成功。

謀篇第十

本篇導讀——

《謀篇》中的「謀」，解作謀劃。本篇主要討論了與謀劃有關的重點。進行謀劃前必須要弄清楚事物背後的原因，以此來索求事物的實際情況。同時，也要一併把天時、地利、人和這三種因素考慮在內。面對不同性格和品德的人，需要有不同的對付手段，才可以成功地向他們進行遊説，達到自己謀劃的目的。另一方面，在進行遊説以推銷自己的謀劃時，不能不掂量自己與對方的關係有多密切，以及對方的喜好和厭惡。謀劃的最高智慧，就是看清楚局勢，然後自己選擇去做甚麼事情。

此篇分為四個部分。第一部分指出，進行謀劃時想合乎事物運行的規律，就必須要弄清楚事物背後的原因，以此來索求事物的實際情況，並參考天時、地利、人和三種因素，方能產生令人意想不到的卓越策略。

第二部分強調，無論甚麼性格的人都會有其天生的弱點。就算面對仁、勇、智這三種人才，他們分別也有自己的弱點，必須針對性地向他們施行不同的手段，方才可以成功地遊說他們，使他們為自己所用，達到自己謀劃的目的。

第三部分指出，在進行遊説以推銷自己的謀劃時，不能不掂量自己與對方的關係有多密切，以及對方的喜好和厭惡。而且，遊説君主與遊説臣子所論述的聚焦點是完全不同的。

第四部分列出進行遊説時應該做和不應該做的事、應該用甚麼人不應該用甚麼人。還強調行事最重要是控制人，而不是被別人控制。所以謀劃的最高智慧，就是看清楚局勢，然後自己選擇去做甚麼事情。

凡謀有道，必得其所因，以求其情。審得其情，乃立三儀[1]，三儀者，曰上、曰中、曰下。參[2]以立焉，以生奇。奇不知其所擁，始於古之所從。故鄭人[3]取玉也，載司南之車[4]，為其不惑也。夫度材量能揣情者，亦事之司南也。故同情而相親者，其俱成也。同欲而相疏者，其偏害者也。同惡而相親者，其俱害者也，同惡而相疏者，偏害者也。故相益則親，相損者則疏，其數行也[5]。此所以察同異之分，類一也。故牆壞於其隙，木毀於其節[6]，斯蓋其分也。故變生於事，事生謀，謀生計，計生議，議生說，說生進，進生退，退生制，因以制於事。故百事一道，而百度一數也。

注釋

1 三儀：即天時、地利、人和。

2 參：同「叁」。

3 鄭人：春秋時鄭國的人。

4 司南之車：安裝有指南儀的車。

5 其數行也：自然規律在發揮作用。

6 節：節疤。

譯文

凡是謀劃事物要合符事物運行的規律，必須弄清楚事物背後的原因，以此來索求事物的實際情況。仔細地去弄清楚事物的實際情況後，就可以確立天時、地利、人和這三種基礎因素，而這三種基礎因素中，天時應是首先考慮的因素，接着為地利，最後則是人和。應該要全盤分析考慮這三種基礎因素的互為作用，以此便能夠生出令人意想不到的卓越策略。令人意想不到的策略會令對方不知道如何去壅蔽，這是從古代開始就這樣的了。鄭國的人挖取玉石，是用安裝有指南儀的車去裝載的，這是為了不迷失方向。而量度才幹、衡量能力、揣摩實情，也是行事的指南儀。故心意相同而又關係親密的人，辦事一定都會成功。有相同慾望卻相互疏遠的人，會有一方受到損害。相互討厭而又關係親密的人，會一同受到損害，相互討厭而又相互疏遠的人，會有一方受到損害。所以，相互有利益時就會關係親密，相互損害時就會關係疏遠，這是自然規律在發揮作用。這就是審察人與人之間的相同和不同的方法，道理是一樣的。所以牆身有縫隙就會容易損壞，木料上面有節疤就會毀壞這塊木料的實用性，也是由於同樣的原則。所以事物會產生變化，事物變化就會有機會產生謀劃，謀劃會產生計策，計策會產生商議，商議會產生遊說，遊說會產生行動計劃，產生行動計劃會考慮到其他方法，考慮到其他方法會產生全套策略的制訂，這些都是因應事物來制訂的。所以各種事物都遵循一個運行規律，而各種法度也是遵循一種技巧。

賞析與點評

謀劃事物時要合符規律，就必須要弄清楚事物背後的原因，以此來索求事物的實際情況，同時要參考天時、地利、人和三種因素，方能產生令人意想不到的卓越策略。即便是行使已經定好的策略時，亦要經常地量度對方的才幹、衡量其能力、揣摩事物的實情，以作為自己的指南針，將行動按實際變化來加以調較。當任何事情發生變化的時候，這就是進行謀劃的好機會，只要遵循事物運行的規律，就能謀劃出一套全面的策略。

夫仁人輕貨[1]，不可誘以利，可使出費；勇士輕難[2]，不可懼以患，可使據危；智者達於數[3]，明於理，不可欺以誠，可示以道理，可使立功，是三才[4]也。故愚者易蔽也，不肖者易懼也，貪者易誘也，是因事而裁之。故為強者，積於弱也；有餘者，積於不足也。此其道術行也。

注釋

1 輕貨：輕視財物。

2 輕難：輕視災難。

3 達於數：通達做事的方法。

4 三才：仁、勇、智三種人才。

譯文

那些有仁德的人輕視財物，不可以用利益誘惑，但可以促使他們提供花費；勇敢的人輕視災難，不可以用禍患來使他們恐懼，但可以使他們據守危險的地方；有智慧的人通達做事的方法，明白事理，不可以欺負他們為人誠實，可以向他們展示事情的道理，可以給他們機會建立功業，這是仁、勇、智三種人才。所以愚笨的人容易被蒙蔽，品行不好的人容易恐懼，貪心的人容易受引誘，這是根據不同的特點而加以個別針對。所以強大是由弱小積聚而成的。有餘是由不足積累而成。這是規律技巧的體現。

賞析與點評

每一類人的性格都會有其天生的弱點。就算面對仁、勇、智這三種人才，也需要有針對性地向他們施行不同的手段，方才可以成功地遊說他們，使他們為自己所用，以達到自己謀劃的目的。

故外親[1]而內疏[2]者，說內；內親而外疏者，說外。故因其疑以變之，因其見以然之，因其說以要之[3]，因其勢以成之，因其惡以權之[4]，因其患以斥之。摩而恐之，高而動之，微而正之，符而應之，擁而塞之，亂而惑之，是謂計謀。計謀之用，公不如私，私不如結，結而無隙者也。正不如奇，奇流而不止者也。故說人主者，必與之言奇。說人臣者，必與之言私。

注釋

1 外親：表面關係親近。

2 內疏：內心疏遠。

3 要之：逢迎、肯定。

4 權之：權變處理。

譯文

所以，表面關係親近而內心疏遠的話，要從內心着手遊說；內心親近而表面關係疏遠的話，要從表面關係疏遠着手遊說。要因應對方的疑惑而變動遊說的言詞，因應對方的見解而予以肯定，把對方的話語包裝成為重要的言談，因應對方的形勢而附和贊成，因應對方所厭惡的事物而幫其權變處理，把對方所引以為患的事物加以斥責。接近並體察對方後加以恐嚇，描繪崇高的前景來打動對方，微微地引用事理來證實對方的想法，亮出憑證來呼應對方的說話，使用大量的訊息來困塞對方，擾亂事理來迷惑對方，這就是計謀。計謀的運用，公開不如私底下，私底下不如勾結，勾結的話雙方之間就沒有縫隙。循常理不如使用別人意想不到的道理，別人意想不到的道理是變幻莫測而且是不可以阻止的。所以遊說君主，必定要重點陳述對方意想不到的道理。遊說臣子，必定要重點陳述對方所牽涉的私人利益。

賞析與點評

在推銷自己的謀劃時，不能不掂量自己與對方的關係有多密切，以及對方的喜好和厭惡。而進行遊說時，固然要順應對方的喜惡思路來作為主軸，但又要在適當時候進行恐嚇，困塞或迷惑對方，方能成功地達到自己的謀劃。計謀的運用原則是，公開不如私底下進行，私底下進行遠不如與對方勾結。而且，君主（老闆）與臣子（僱員）因為處於不同立場，所考慮的事情是完全不同的，所以，在對他們進行遊說時所聚焦的要點也應該不同。

其身內，其言外者，疏；其身外，其言深者，危。無以人之近所不欲，而強之於人，無以人之所不知，而教之於人。人之有好也，學而順之；人之有惡也，避而諱之[1]。故陰道而陽取之也。故去之者，縱之，縱之者，乘之。貌者不美又不惡，故至情託焉。可知者，可用也；不可知者，謀者所不用也。故曰，事貴制人[2]，而不貴見制於人。制人者，握權也，見制於人者，制命[3]也。故聖人之道陰，愚人之道陽。智者事易，而不智者事難。以此觀之，亡不可以為存，而危不可以為安，然而無為而貴智矣；智用於眾人之所不能知，而能用於眾人之所不能見。既用，見可否，擇事而為之，所以自為也。見不可，擇事而為之，所以為人也。故先王之道陰。言有之曰：天地之化，在高與深；聖人之制道，在隱與匿。非獨忠、信、仁、義也，中正而已矣。道理達於此義者，則可與言。由能得此，則可與谷遠近之義。

注釋

1 避而諱之：迴避而且連類似的事情也不要提及。

2 事貴制人：做事時最重要的是控制別人。

3 制命：命運也被人控制。

譯文

處身局內而替局外的人說話，就會被疏遠；處身局外但說話很深入，就會很危險。不要將別人所不願意接受的事情強加於其身上，不要以別人所不知道的事情將其教訓。別人喜愛的事情，學習去順應其喜愛；別人厭惡的事情，要迴避而且連類似的事情也不要提及。所以用隱密的方法去進行而公開地去獲取成果。所以，要除去某些事情，首先要放縱它，放縱它的目的是在尋找可以利用的機會。那些外表形色中庸，不輕易表露喜怒的人，方可以把最機密的情況向其交託。可以了解其為人的人，才可以任用；不可以了解其為人的人，深謀遠慮的人是不會任用的。所以說行事最重要是控制別人，而不是被別人所控制。控制別人就是要掌握權力，被別人所控制的人，其命運也被人控制。所以，最高才能及品德的人行事隱密，愚笨的人行事公開。有智慧的人辨容易辨的事情，而沒有智慧的人則辨難辨的事情。由此看來，要滅亡的東西是不可以使它存在，而危險的局勢也不可以把它變成安穩，這個時候只能甚麼也不做，但最重要是保持智慧；智慧是在眾人不能察知的情況下使用，而且能夠在眾人不能察見的情況下使用。一旦使用智慧，就要察見宏觀形勢哪些可行，哪些不可行，然後選擇去做甚麼事情，這是為了自己的利害去做。察見宏觀形勢已經不可行的話，仍然選擇去做甚麼事情，那就是為了別人去做了。所以以前的君主做事的方法是隱密的。有這樣的説法，天地的變化，在於高大和深邃，最高才能及品德的人制定做事的方法，在於隱密和藏匿。不僅僅是忠、信、仁、義，而是合乎中庸平正之道罷了。明了這其中的意義的人，才可以與他溝通。如果有人能夠得知當中的道理的話，則可以與對方刻意培養和發展各種關係。

賞析與點評

進行遊説時，一定要掌握應該做和不應該做的事和應該用甚麼人不應該用甚麼人。更千萬要堅守一個原則，那就是做事時要控制人，而不是被別人所控制，否則的話，自己的命運也會一併被別人控制。所以謀劃的最高智慧，就是看清楚局勢，掌握主動權，然後以中庸平正之道去選擇做甚麼事情，而不僅僅是為了符合忠、信、仁、義。不明了這當中意義的人，你是無法和他溝通的。只有知曉當中道理的人，才值得與他培養和發展各種關係。

決篇第十一

本篇導讀——

《決篇》中的「決」，解作決斷。為人決斷事物的方法，首先是要使有疑惑的人說出心中所擔憂的禍害，而所作出的決斷一定要為對方帶來利益，方會被採納。聖人有五種成就事情的手段，一定要把它們靈活地運用，因應形勢，可以的話就應該盡快作出決斷。雖然決斷事情和判定疑難，是解決所有問題的起點，但卻是一件不容易的事。不過，絕不能求神問鬼，只能依循本書所論述的道理和手段來作出決斷。

此篇分為三個部分。第一部分指出，人們的習性都是只想享用事物帶來的利益和好處，不喜歡別人提起當中所包含的禍患和壞處，所以誘導有疑惑的人說出心中所擔憂的禍害，使自己能夠掌握實情，便是決斷的第一步。而所作出的決斷一定要為對方帶來利益，方會被採納。

第二部分指出，聖人有五種成就事情的手段，這五種手段有公開而合乎道德的、暗中而不好的、有信用和誠意的、隱蔽及藏匿起來的、與平素做事一樣的。需要因應情勢，把它們靈活多變地單獨或混合運用。本部分並列出及強調六種應該盡快作出決斷的情況。

第三部分指出，決斷事情和判定疑難，是解決所有問題的起點。雖然這是一件很難辨的事情，但卻不可以像以前的君王一樣只是求神問卜。

凡決物[1]，必託於疑者[2]。善其用福，惡其有患。害至於誘也，終無惑。偏有利焉，去其利則不受也，奇之所託。若有利於善者，隱託於惡則不受矣，致疏遠。故其有使失利[3]，其有使離害[4]者，此事之失。

注釋

1 **決物**：決斷事物。
2 **疑者**：善於決斷疑惑的人。
3 **失利**：失去利益。
4 **離害**：遭遇禍害。

譯文

凡是想決斷事物，必定會託付給善於解決疑惑的人。人們只想享用事物帶來的福氣，不想看見當中包含的禍患。因此，為人決斷疑惑的人要誘導有疑惑的人說出心中所擔憂的禍害，目的是使自己能夠掌握實情，不感到迷惑。人們習性是會偏向有利的決斷，如果提出的決斷會使對方失去利益，有疑惑的人肯定不會接受，這就會使奇謀無所依託。如果決斷雖然對有疑惑的人有利，卻隱藏在禍害之中，有疑惑的人都是不會接受計策，更會導致兩者關係疏遠。所以，凡是決斷會使得有疑惑的人失去利益，或者遭遇禍害的話，就是失計。

賞析與點評

人們的習性都是只想享用事物帶來的利益和好處，不喜歡別人提起當中所包含的禍患和壞處，所以，如何誘導有疑惑的人說出心中所擔憂的禍害，使自己能夠掌握實情，便是決斷的重要一步。而所作出的決斷一定要為對方帶來利益，否則的話，對方不但不會採納有關的計策，雙方的關係反而會變得疏遠。

聖人所以能成其事者，有五。有以陽德[1]之者，有以陰賊[2]之者，有以信誠之者，有以蔽匿[3]之者，有以平素[4]之者。陽勵於一言，陰勵於二言。平素、樞機以用四者[5]，微而施之。於是度以往事，驗之來事，參之平素，可則決之。公王大人之事也，危而美名者，可則決之。不用費力而易成者，可則決之。用力犯勤苦[6]，然而不得已而為之者，可則決之。去患者可則決之，從福者可則決之。

注釋

1 陽德：看得見的、合乎道德的好手段。

2 陰賊：暗中進行的不好手段。

3 蔽匿：隱蔽及藏匿起來。

4 平素：平時做事時一樣。

5 四者：指陽德、陰賊、信誠、蔽匿四種手段。

譯文

最高才能及品德的人成就事情的手段有五種：有採用公開而合乎道德的好手段；有暗中進行的不好手段；有採用有信用和誠意的手段，有採用隱蔽及藏匿起來的手段，有採用與平素做事一樣的手段。公開使用有信用和誠意的手段時説話要前後如一，暗中採取手段時卻要真假言辭交替使用。平素做事時、或關鍵時刻所採用的陽德、陰賊、信誠、蔽匿四種手段，需要不動聲色地施行。參度歷史往事，以驗證將會發生的事情，再參考事情的平素規律，可以實施的話，就要作出決斷。君王大臣們的事情，雖然危險，如果能夠博取美好名聲，可以實施的話，就要作出決斷。不用花費氣力而且很容易辦成的事情，可以實施的話，就要作出決斷。使用很多氣力而且要勤勞辛苦的事情，然而，不能夠不去幹的事情，可以實施的話，就要作出決斷。能夠除去禍患的事情，可以實施的話，就要作出決斷，能夠帶來好結果的事情，可以實施的話，就要作出決斷。

賞析與點評

聖人有五種成就事情的手段，這五種手段有採用公開而合乎道德的好手段，有採用暗中進行的不好手段，有採用有信用和誠意的手段，有採用隱蔽及藏匿起來的手段，有採用與平素做事一樣的手段。需要因應情勢，把它們靈活多樣地單獨或混合運用。運用時，一定要嚴守説話的規律：公開使用有誠信的手段時説話要前後如一；暗中採取手段時卻要真假言辭交替使用。本部分列出並強調六種應該盡快作出決斷的情況，方便讀者融會貫通。

故夫決情定疑[1]，萬事之機。以正亂治、決成敗難為者。故先王乃用蓍龜[2]者，以自決也。

注釋

1 決情定疑：決斷事情判定疑難。

2 蓍龜：蓍草和龜甲，古代使用的卜筮工具。

譯文

因此，決斷事情判定疑難，是解決所有問題的起點。怎樣才能撥亂反正，決斷成功失敗，是一件很難辦的事情。所以，以前的君王要使用蓍草和龜甲去卜筮，以作出決斷。

賞析與點評

決斷事情判定疑難，是解決所有問題的起點，也是一件很難辦的事情。以前的君王往往不知道如何是好，所以要使用蓍草和龜甲去卜筮，以作出決斷。但現在只要跟隨本書的智慧，便可以作出會帶來利益的決斷。

符言第十二

本篇導讀——

《符言篇》中的「符」是古代朝廷用來傳達詔令或調兵遣將時作為憑證的物件，「言」解作言行。「符言」在本篇指的是君主治國平天下的統治之術。

君主本身若經常保持安詳、從容、正直、冷靜，那就能處於最平衡的精神狀態和最佳的思維能力去處理國家大事。君主如果以天下人的角度去觀看、去聆聽、去考慮天下事物的話，則沒有甚麼是看不明白、聽不出原委、考慮不好的。無論在甚麼時候，千萬不要拒絕聽取其他人的進言。獎賞時要恪守信用；動用刑罰時要公正無私。不過，在賞罰之前，一定要查驗自己所聽到的和所看見的有關事情，以免受人矇騙。

君主除了要知道天時，了解地利，培養人和，還要認清楚周圍環境與天下大勢，才能探知迷惑和危險在甚麼地方。當明了實際情況後，君主所要做的，就是放手讓大臣們去處理實際的問題和困難，自己只要掌握獎罰的大權，然後因應大臣辦事的表現，決定獎賞或懲罰他們。

君主謀劃事情一定要周密。這樣的話，大臣們就沒有辦法獲知君主的心思和意圖，那麼，機密也就不會洩露。君主還要看得很長遠，聽得很廣泛，明察所有事物，這樣便可以洞察天下的奸邪，使這些奸邪不敢作惡。

君主做事也需要遵循名份，這樣事情就會安穩而且完好，不會出現禍害。

此篇分為九個部分。第一部分指出，君主如果要處於最平衡的精神狀態和以最佳的思維能力去處理國家大事，便需要經常保持安詳、從容、正直、冷靜。此外還要保持謙虛，意志要平和，亦要擅長和別人有效地溝通，防備災害和禍患。

第二部分指出，看事物要看明白；聽說話要聽清楚；思考東西要有智慧。方法是以天下人的角度去觀看，聆聽，考慮。與天下人的關係就好像是輻條集中於軸心，組成車輪，合作前進。

第三部分指出，聆聽的方法就是，不要堅持自己的意見而拒絕其他人的進言。採納進言，就會有助於防守禍患；拒絕進言，就會關閉阻塞自己的視聽。

第四部分指出，使用獎賞時最重要是恪守信用；動用刑罰時最重要是公正無私。而且，一定要在獎賞和懲罰前查驗耳朵所聽到的和眼睛所看見的有關事物。

第五部分指出，如果想找出若隱若現的迷惑和危險在哪裏，就必須知道天時，明了地利，培養人和，還要認清楚周圍環境與天下大勢。

第六部分指出，君主的統治方法，就是掌握獎賞的大權。讓官員們去處理政務，君主則因應官員施政的表現，而決定獎賞或懲罰他們。這樣的話，君主則不會陷身於勞累的具體事務當中，而能夠長久地、輕鬆地主導百官。

第七部分指出，君主謀劃事情一定要周密。如能這樣，君主身邊的人就無法向外朝大臣通風報信，大臣們就沒法知道君主心裏面的謀劃，也就不能洩露機密。

第八部分指出，君主首先要看得很遠，其次是聽得很廣泛，其三是明察事物。這樣就夠洞察天下的奸邪，使得這些奸邪暗中轉變，不敢作惡。

第九部分指出，處理實際事物一定要遵循名份，這樣事情就會安穩而且完好。

安徐正靜，其被節[1]無不肉[2]。善與[3]而不靜，虛心平意，以待傾損。

右主位。

注釋

1 被節：節奏法度。

2 肉：在古代，肉是最寶貴和豐富的食物。此處解作最好、饒裕。

3 善與：善於和別人結交。

譯文

修為若能夠做到安詳、從容、正直、冷靜，所達到的節奏法度沒有不是最好及饒裕的。善於和別人結交而使自己一直在和別人溝通，內心要謙虛，意志要平和，以防備傾覆受損。

以上是指在上位的人。

賞析與點評

君主若要處於最平衡的精神狀態和最佳的思維能力去處理國家大事，便需要經常保持安詳、從容、正直、冷靜。此外，自己的內心還要保持謙虛，意志要平和，亦要擅長和別人有效地溝通，才能源源不絕地獲悉天下事情的變化，防備可以令國家受損或傾覆的天然災害、人為禍患出現。這個道理適用於任何人，尤其是在管理層的人士。

目貴明；耳貴聰；心貴智。以天下之目視者，則無不見；以天下[1]之耳聽者，則無不聞；以天下之心慮者，則無不知。輻輳[2]並進，則明不可塞。

右主明。

注釋

1 天下：此處解作天下人。

2 輻輳：輻條集中於軸心，組成車輪。

譯文

眼睛看事物最重要是看明白；耳朵聽說話最重要是聽清楚；頭腦思考東西最重要是有智慧。以天下人的角度去看事物的話，則沒有甚麼東西看不見；以天下人的角度去聆聽事物的話，則沒有甚麼東西聽不到；以天下人的頭腦去考慮事物的話，則沒有甚麼東西不知曉。好像輻條集中於軸心，組成車輪，一起前進，那麼正確的事物就不會被阻塞。

以上是指明察。

賞析與點評

看事物要看明白；聽説話要聽清楚；思考東西要有智慧。能夠達到這樣的效果方法只有一個，就是以天下人的角度去看，聆聽，考慮。而與天下人的關係就好像是輻條集中於軸心，組成車輪，大家結成一個團隊，合作前進。

德[1]之術曰，勿堅而拒之。許之，則防守；拒之，則閉塞。高山仰之，可極；深淵度之，可測。神明之位術正靜，其莫之極歟[2]。

右主德。

注釋

1 德：為「聽」之誤。

2 歟：古漢語助詞，此處表示感歎。

譯文

聆聽的方法就是，不要堅持自己的意見而拒絕其他人的進言。採納進言，就會有助於防守禍患；拒絕進言，就會關閉阻塞自己的視聽。山再高，仰望也可以看見峰頂；水潭再深，也可以探測出深淺。神明般的聆聽方法在於公正冷靜，這樣便沒有極限了。

以上是指聆聽的方法。

賞析與點評

千萬不要認為自己的意見就是最好，而拒絕聆聽其他人的進言。這是因為無論所面對的事情有多複雜和困難，只要有智慧地去採納進言，便可以有助於把事情辦妥辦好。

用賞貴信；用刑貴正。賞賜貴信，必驗耳目之所見聞。其所不見聞者，莫不闇化[1]矣。誠暢於天下神明，而況奸者干君[2]。

右主賞。

注釋

1 闇化：暗中轉化。

2 奸者干君：干預君主施政的奸邪小人。

譯文

使用獎賞時最重要是恪守信用；動用刑罰時最重要是公正無私。賞賜時最重要是誠信，這就一定要查驗耳朵所聽到的和眼睛所看見的東西。這樣一來，那些沒有聽見和看見的東西，也會自己暗中沿好的方向轉化了。這樣便可以如神明般地把誠信暢達於天下，更何況那些干涉君主施政的奸邪小人。

以上指的是賞賜的方法。

賞析與點評

這裏指出了一個非常重要的道理。君主不但在獎賞時要恪守信用，處罰時要公正無私，而且一定要在賞罰之前查驗所聽到的和看見的有關事物，以防被別有用心的人利用了也不自覺。別人知道君主這麼精明，都會暗地裏改變自己對君主的態度，不敢嘗試瞞騙君主。

一曰天之，二曰地之，三曰人之。四方上下，左右前後，熒惑[1]之處安在。右主問。

注釋

1 熒惑：若隱若現的迷惑危險。

譯文

首先要知道天時，第二要明了地利，第三要了解人和。還要認清楚東南西北和上下全方位的大勢，左右前後周圍環境，究竟那些若隱若現的迷惑危險在哪裏呢？以上指的是疑問的方法。

賞析與點評

除了天時地利人和外，還要全方位地去認清楚大勢與及周圍環境，才能弄明白迷惑危險隱藏在甚麼地方。

心為九竅[1]之治，君為五官之長。為善者，君與之賞。為非者，君與之罰。君因其政之所以求，因與之，則不勞。聖人用之，故能賞之。因之循理，固能久長。右主因。

注釋

1 九竅：指人體上的九個孔，即口、兩耳、兩眼、兩鼻孔、兩便孔。

譯文

心是主導口、兩耳、兩眼、兩鼻孔、兩便孔的器官，就好像君主是百官的首長。做好事的，君主給予賞賜。做壞事的，君主加以懲罰。君主因應官員施政的表現，而決定獎賞或懲罰，這樣的話，君主則不會陷身於勞累的具體事務當中。最高才能及品德的人都採用這樣的統治方法，所以能掌握獎賞的大權。根據這樣的原因並依循這個道理，君主就能夠長久地主導百官。

以上指的是掌握基礎因素的方法。

賞析與點評

君主的統治方法，就是掌握獎賞的大權，而讓官員們去處理實際政務。所以，君主要做的事情只是因應官員施政的表現，去決定獎賞或懲罰他們。這樣的話，君主則不會陷身於勞累的具體事務當中，卻能夠長久地、輕鬆地駕馭百官，把事情辦好。

人主不可不周[1]，人主不周，則群臣生亂。家於其無常[2]也，內外不通，安知所開。開閉不善，不見原也。

右主周。

注釋

1 周：周密。

2 無常：沒有常規。

譯文

君主謀劃事情不可以不周密，君主謀劃事情不周密的話，眾多大臣便會趁機作亂。君主態度寂靜而且沒有常規，君主身邊的人就無法向外朝大臣通風報信，大臣們就沒法知道君主心裏面的謀劃。君主不能掌握好甚麼話可以說，甚麼話不可以說的話，事情洩露了也不能查出是哪裏出了問題。

以上指的是謀劃周密的方法。

賞析與點評

外朝的大臣一有機會便會趁機勾結君主身邊的人，以探知君主的心意。所以，君主謀劃事情一定要周密，這樣的話，君主身邊的人就無法向外朝大臣通風報信，大臣們就沒法知道君主心裏面的謀劃，而君主就能有效地駕馭他們。

一曰長目[1]，二曰飛耳[2]，三曰樹明[3]。千里之外，隱微之中，是謂洞天下奸，莫不闇變更。

右主恭。

注釋

1 長目：指看得很長遠。

2 飛耳：指聽得很廣泛。

3 樹明：指明察事物。

譯文

君主首先要看得很長遠，其次要聽得很廣泛，其三是明察事物。千里之外，隱藏在細微的東西當中，都能知曉，這就是所說的能夠洞察天下的奸邪，使得這些奸邪沒有不暗中自己改變，不敢作惡。

以上指的是看得遠、聽得廣泛、明察事物的三種方法。

賞析與點評

君主要看得很遠、聽得很廣泛、明察事物，唯一的辦法就是以天下人的角度去看、聽、考慮事物。如能這樣，則君主對千里之外，隱藏在細微東西當中的事情，都能知曉，便會使奸邪暗中自己改變，不敢作惡。

循名[1]而為實[2]，安而完[3]。名實相生，反相為情。故曰：名當則生於實，實生於理，理生於名實之德，德生於和，和生於當。

右主名。

注釋

1 循名：遵循名份。

2 為實：處理實際事物。

3 安而完：安穩而且完好。

譯文

遵循名份而去處理實際事物，才會安穩而且完好。名份和實際事物是互相依託產生的，反過來看，雙方的共同存在也合乎情理。所以說：名份恰當是由實際事物產生的，事物又是從道理產生的，道理則是由名份和實際事物糅合後的好結果所產生的，糅合後的好結果是從和諧產生的，和諧是因名份恰當而產生的。以上指的是建立名份的方法。

賞析與點評

這裏強調就算是君主，手握生殺大權，也要遵循名份去處理實際事物，才會安穩而且完好。這是因為，名與實互相符合，才是合乎道理和道德的。

《本經陰符七術》、《持樞》、《中經》等三篇全部都是講述內修之術，內容敍說如何才能提高自己的智慧修為，從而可以在思想上征服對手。經考究後，學者多認為是後人的附會之作，這裏把原文列出，點題介紹，以供參考。

本經陰符七術

《本經陰符七術》細分為七個內修的階段：盛神、養志、實意、分威、散勢、轉圓、損兑。

盛神

盛神法五龍。盛神中有五氣，神為之長，心為之舍，德為之大。養神之所，歸諸道。道者，天地之始，一其紀也。物之所造，天之所生。包容無形化氣，先天地而成，莫見其形，莫知其名，謂之「神靈」。故道者，神明之源，一其化端。是以德養五氣，心能得一，乃有其術。術者，心氣之道所由舍者，神乃為之使。九竅、十二舍者，氣之門戶、心之總攝也。生受之天，謂之真人。真人者，與天為一。而知之者，內修練而知之，謂之聖人。聖人者，以類知之。故人與生一，出於化物。知類在竅。有所疑惑，通於心術，術必有不通。其通也，五氣得養，務在舍神。此之謂化。化有五氣者，志也、思也、神也、心也、德也，神其一長也。靜和者養氣，養氣得其知，四者不衰，四邊威勢，無不為，存而舍之，是謂神化歸於身，謂之真人。真人者，同天而合道，執一而養產萬類，懷天心、施德養，無為以包志慮、思意，而行威勢者也。士者，通達之，神盛乃能養志。

【《盛神》提出「道」是天地萬物的開始，也是變化的開端，能夠養育構成旺盛精神的五氣中首要的神氣，而通過學習就能獲得「道術」，與「道」相通，如此神氣就能強盛，就能養育志氣。】

養志

養志法靈龜。養志者，心氣之思不達也。有所欲，志存而思之。志者，欲之使也。欲多則心散，心散則志衰，志衰則思不達也。故心氣一則欲不惶，欲不惶則志意不衰，志意不衰則思理達矣。理達則和通，和通則亂氣不煩於胸中。故內以養氣，外以知人；養志則心通矣，知人則分職明矣。將欲用之於人，必先知其養氣志。知人氣盛衰，而養其氣志，察其所安，以知其所能。志不養，心氣不固；心氣不固，則思慮不達；思慮不達，則志意不實，志意不實，則應對不猛；應對不猛，則失志而心氣虛；志失而心氣虛，則喪其神矣。神喪則髣髴，髣髴則參會不一。養志之始，務在安己：己安則志意實堅，志意實堅則威勢不分。神明常固守，乃能分之。

【《養志》的要訣是慾望少，心安靜，這樣則志意堅實。】

實意

實意法螣蛇。實意者，氣之慮也。心欲安靜，思欲深遠；心安靜則神明榮，思深遠則計謀成；神明榮則志不可亂，計謀成則功不可間。意慮定則收遂，安則其所行不錯，神者得則凝。識氣寄，奸邪得而倚之，詐謀得而惑之，言無由心矣。故信心術，守真一而不化，待人意慮之交會，聽之候之也。計謀者，存亡樞機。慮不會，則聽不審矣，候之不得。計謀失矣，則意無所信，虛而無實。無為而求安靜，五臟和通六腑，精神魂魄固守不動，乃能內視、反聽、定志，思之太虛，待神往來。以觀天地開閉，知萬物所造化，見陰陽之終始，原人事之政理；不出戶而知天下，不窺牖而見天道；不見而命，不行而至，是謂「道」。知以通神明，應於無方而神宿矣。

【《實意》說的是堅定意志。意志堅實神氣就變得平和，考慮就變得詳明，以此可以觀察天地開閉，知曉萬物造化，推斷管理人事，治理國家的本源。】

分威

分威法伏熊。分威者，神之覆也。故靜固志意，神歸其舍，則威覆盛矣。威覆盛，則內實堅；內實堅，則莫當。莫當則能以分人之威而動其勢，如其天。以實取虛，以有取無，若以鎰稱銖。故動者必隨，唱者必和，撓其一指觀其餘次，動變見形，無能間者，審於唱和，以間見間，動變明，而威可分。將欲動變，必先養志，伏意以視間。知其固實者，自養也。讓己者，養人也。故神存兵亡，乃為之形勢。

【《分威》講述如何把自己的精神力量向他人覆蓋，動搖他人氣勢，分佈自己的威勢。】

散勢

散勢法鷙鳥。散勢者，神之使也。用之，必循間而動，威肅、內盛，推間而行之，則勢散。夫散勢者，心虛志溢。意失威勢，精神不專，其言外而多變，故觀其志意為度數，乃以揣說圖事，盡圓方、齊短長。無間則不散勢，散勢者待間而動，動勢分矣。故善思間者，必內精五氣，外視虛實，動而不失分散之實，動則隨其志意，知其計謀。勢者，利害之決，權變之勢。勢敗者，不以神肅察也。

【《散勢》詳細說明如何靈活地尋找對手的破綻，從而適當地向對手滲透自己的神氣威勢。】

轉圓

轉圓法猛獸。轉圓者，無窮之計。無窮者，必有聖人之心，以原不測之智，以不測之智而通心術。而神道混沌為一，以變論萬類，說義無窮。智略計謀，各有形容，或圓或方、或陰或陽、或吉或凶，事類不同。故聖人懷此之用，轉圓而求其合。故與造化者為始，動作無不包大道，以觀神明之域。

天地無極，人事無窮，各以成其類。見其計謀，必知其吉凶、成敗之所終也。轉圓者，或轉而吉，或轉而凶。聖人以道先知存亡，乃知轉圓而從方。圓者，所以合語；方者，所以錯事；轉化者，所以觀計謀；接物者，所以觀進退之意。皆見其會，乃為要結，以接其說也。

【《轉圓》指出智慧應當如同轉動的圓球一樣無窮無盡，才能有無窮無盡的計謀。】

損兑

損兑法靈蓍。損兑者幾危之決也。事有適然，物有成敗。幾危之動，不可不察。故聖人以無為待有德，言察辭合於事。兑者知之也，損者行之也，損之說之，物有不可者，聖人不為辭也。故智者不以言失人之言。故辭不煩，而心不虛志不亂，而意不邪。當其難易，而後為之謀，自然之道以為實。圓者不行，方者不止，是謂「大功」。兑之損之，皆為之辭。用分威散勢之權，以見其兑威其機危，乃為之決。故善損兑者，譬若決水於千仞之堤，轉圓石於萬仞之谷。而能行此者，形勢不得不然也。

【《損兑》就是對危險的判斷。危險的萌動，一定要考察清楚，然後才能作出有效的處理。】

持樞

持樞，謂春生、夏長、秋收、冬藏，天之正也，不可干而逆之。逆之者，雖成必敗。故人君亦有天樞，生養成藏，亦復不可干而逆之，逆之雖盛必衰。

此天道、人君之大綱也。

【《持樞》現存只有一段。陶弘景注：「此持樞之術，恨太簡促，暢理不盡。或簡篇脫爛，本不能全故也。」它直接道出掌控樞紐是事情成敗的關鍵，是絕對不能違背的道理。】

中經

中經，謂振窮趨急，施之能言厚德之人。救拘執，窮者不忘恩也。能言者，儔善博惠，施德者，依道；而救拘執者，養使小人。蓋士，當世異時，或當因免闐坑，或當伐害能言，或當破德為雄，或當抑拘成罪，或當戚戚自善，或當敗敗自立。故道貴制人，不貴制於人也；制人者握權，制於人者失命。是以見形為容，象體為貌，聞聲和音，解仇鬥郄，綴去卻語，攝心守義。本經紀事者紀道數，其變要在「持樞」、「中經」。

見形為容，象體為貌者，謂爻為之生也，可以影響、形容、象貌而得之也。有守之人，目不視非、耳不聽邪，言必「詩」「書」，行不僻淫，以道為形，以德為容，貌莊色溫，不可象貌而得也，如是隱情塞郄而去之。

聞聲和音，謂聲氣不同，則恩愛不接。故商角不二合，徵羽不相配。

能為四聲主，其唯宮乎？故音不和則悲，是以聲散傷醜害者，言必逆於耳也。雖有美行盛譽，不可比目，合翼相須也，此乃氣不合、音不調者也。

解仇鬥郄，謂解羸徵之仇。鬥郄者，鬥強也。強郄既鬥，稱勝者，高其功，盛其勢。弱者哀其負，傷其卑，污其名，恥其宗。故勝者，聞其功勢，苟進而不知退。弱者聞哀其負，見其傷則強大力倍，死為是也。郄無極大，禦無強大，則皆可脅而並。

綴去者，謂綴已之繫言，使有餘思也。故接貞信者，稱其行、厲其志，言可為可復，會之期喜，以他人之庶，引驗以結往，明款款而去之。

卻語者，察伺短也。故言多必有數短之處，識其短驗之。動以忌諱，示以時禁，其人因以懷懼，然後結信以安其心，收語盡藏而卻之，無見己之所不能於多方之人。

攝心者，謂逢好學伎術者，則為之稱遠方驗之，驚以奇怪，人繫其心於已。效之於人，驗去亂其前，吾歸誠於己。遭淫色酒者，為之術音樂動之，以為必死，生日少之憂。喜以自所不見之事，終可以觀漫瀾之命，使有後會。

守義者，謂守以人義。探心在內以合也。探心深得其主也。從外制內，事有繫曲而隨也。故小人比人則左道，而用之至能敗家辱國。非賢智，不能守家以義，不能守國以道，聖人所貴道微妙者，誠以其可以轉危為安，救亡使存也。

【《中經》詳細描述如何利用本身強大的內在精神力量來把握外部事物的方法，是處理人際關係、降服別人意志的原則。】

附錄

《史記·蘇秦列傳》

在這篇列傳中，詳細記載蘇秦以連橫遊説秦惠王失敗後一年，成功以合縱之策遊説六國，訂立合縱聯盟，使秦國不敢窺伺函谷關以外的六國，長達十五年之久，而蘇秦則被六國封為國相，佩戴六國相印，煊赫一時，為縱橫家傑出的代表人物。

蘇秦遊説六國，以趙為主，以合縱相親為目的，針對不同人，順應其心意，指陳其利害，或激或勵，或羞或誘，使六國合縱締約。

蘇秦的説辭，洋洋灑灑，鋭利流暢，氣勢磅礴，既有濃厚的鬼谷子縱橫學説的底蘊，又發展出自身獨特而雄辯的風格。其言辭或捭闔、或抵巇、或飛箝、或忤合，有時反應揣摩，有時權量謀劃，有時恐嚇渲染，有時阿諛奉承，有時説之以理。他無論在甚麼背景下，以甚麼主題作為遊説的主軸，都能緊緊地掌握主動權，緊扣被遊説者的心神意欲，成功達成遊説的目標，足見其胸中韜略和研習《鬼谷子》的功效。

蘇秦者，東周雒陽人也。東事師於齊，而習之於鬼谷先生。……

於是六國從合而並力焉。蘇秦為從約長，並相六國。……

太史公曰：蘇秦兄弟三人，皆遊說諸侯以顯名，其術長於權變。……夫蘇秦起閭閻，連六國從親，此其智有過人者。吾故列其行事，次其時序，毋令獨蒙惡聲焉。

譯文

蘇秦，東周雒陽人，他曾向東到齊國拜師求學，在鬼谷子先生門下學習。……

於是，六國合縱成功而同心協力。蘇秦做了合縱聯盟的盟長，並且擔任了六國的國相。……

太史公說：「蘇秦兄弟三人，都是因為遊說諸侯而名揚天下，他們的學說擅長於權謀機變。……蘇秦出身於民間，卻能聯合六國合縱相親，這正說明他的才智有超過一般人的地方，所以，我列出他的經歷，按照時間順序加以陳述，不要讓他只蒙受不好的名聲。

《史記·張儀列傳》

張儀列傳與蘇秦列傳堪稱姊妹篇。張儀成功打動秦惠王採納其連横之策，以破壞六國的合縱，並被封為秦國國相，名聲大振。蘇秦及張儀的手法一縱一横，演繹的方法表面上不盡相同，其實都是以權變之術和雄辯之才，展現縱横家的手段和威力。作為成功活躍於戰國時期政治舞臺上的縱横大師，張儀也在鬼谷子的學説理論的基礎上發展出自己的風格，他除了張揚暴露合縱的短處，用以附會自己主張的連横外，更巧妙地藉秦國強大的勢力，以威脅利誘、欺詐行騙的權術，達成了令人眩目、不可思議的政治效果，成為翻雲覆雨的風雲人物。這也可以從另外一個角度反映出《鬼谷子》一書的淵博精深和多元實用性。

張儀者，魏人也。始嘗與蘇秦俱事鬼谷先生，學術，蘇秦自以不及張儀。……

儀相秦四歲，立惠王為王。居一歲，為秦將，取陝。築上郡塞。……

太史公曰：三晉多權變之士，夫言從衡強秦者大抵皆三晉之人也。夫張儀之行事甚於蘇秦，然世惡蘇秦者，以其先死，而儀振暴其短以扶其說，成其衡道。要之，此兩人真傾危之士哉！

譯文

張儀是魏國人。當初曾和蘇秦一起師事鬼谷子先生，學習遊說之術，蘇秦自認為才學比不上張儀。……

張儀出任秦國國相四年，正式擁戴惠王為王。過了一年，張儀擔任秦國的將軍，奪取了陝邑，修築了上郡要塞。……

太史公說：三晉出了很多權宜機變的人物，那些主張合縱、連橫使秦國強大的，大多是三晉人。張儀的作為比蘇秦有過之，可是社會上厭惡蘇秦的原因，是因為他先死了而張儀張揚暴露了他合縱政策的短處，用來附會自己的主張，促成連橫政策。總而言之，這兩個人是真正翻雲覆雨的人。

參考文獻

鬼谷子：《鬼谷子》，影印光緒紀元夏月湖北崇文書局開雕版本，第五七五七至五七八七頁。
司馬遷：《史記》，杭州：浙江古籍出版社，二〇〇〇年版。
劉向：《戰國策》：廣西民族出版社，一九九七年版。
趙蕤：《反經》，北京：中國長安出版社，二〇〇六年版。
司馬光：《資治通鑒》，北京：中華書局，一九五六年版。
台靜農：《白話史記》，臺北：聯經出版事業公司，一九八五年版。
柏楊：《中國人史綱》，北京：中國友誼出版公司，一九九八年版。
劉幼生、郝文霞：《鬼谷子》，太原：山西古籍出版社，一九九九年版。
方向東：《鬼谷子》：江蘇古籍出版社，二〇〇一年版。
王守柱：《鬼谷子方法》，北京：中國广播電視出版社，二〇〇一年版。
張建國：《鬼谷子——實用智謀大全》，北京：氣象出版社，二〇〇四年版。

名句索引

二至三畫

四畫

五畫

七至八畫

九畫

十一畫

十二至十六畫

新 視 野
中華經典文庫

新 視 野

中華經典文庫